新时代 北京卷

教育文库

北 京 第 五 实 验 学 校

发挥中小学校党组织领导作用的理论与实践

阮守华◎**著**

中国言实出版社

图书在版编目(CIP)数据

发挥中小学校党组织领导作用的理论与实践 / 阮守
华著. –– 北京：中国言实出版社，2023.1
（新时代教育文库. 北京卷）
ISBN 978-7-5171-4351-2

Ⅰ. ①发… Ⅱ. ①阮… Ⅲ. ①中国共产党—中小学—
党的建设—研究 Ⅳ. ①D267.6

中国国家版本馆CIP数据核字（2023）第004256号

发挥中小学校党组织领导作用的理论与实践

责任编辑：代青霞
责任校对：张　丽

出版发行：中国言实出版社
　　　　　地　　址：北京市朝阳区北苑路180号加利大厦5号楼105室
　　　　　邮　　编：100101
　　　　　编辑部：北京市海淀区花园路6号院B座6层
　　　　　邮　　编：100088
　　　　　电　　话：010-64924853（总编室）　010-64924716（发行部）
　　　　　网　　址：www.zgyscbs.cn　　电子邮箱：zgyscbs@263.net

经　　销：新华书店
印　　刷：北京虎彩文化传播有限公司
版　　次：2023年3月第1版　　2023年3月第1次印刷
规　　格：710毫米×1000毫米　　1/16　　12.75印张
字　　数：180千字

定　　价：89.00元
书　　号：ISBN 978-7-5171-4351-2

文库编委会

主　任：顾明远

编　委：（以下按姓氏笔画排序）

尹后庆　　代蕊华　　朱卫国　　朱旭东

李　烈　　李有毅　　吴颖民　　陈如平

罗　洁　　姚　炜　　唐江澎　　韩　平

褚宏启

本书作者简介

阮守华，男，北京师范大学教育学博士，中学高级教师，区人大代表、人民满意教师标兵和优秀共产党员，现任北京第五实验学校执行校长（法人）。曾任北京市第十二中学副校长、党委书记，首都师范大学附属中学实验学校党支部书记兼校长，大兴区名校长培训工程项目指导专家，北京市十佳心育工作者，北京市基础教育课程建设一等奖获得者，全国十佳优秀科技实践活动指导教师，首都师范大学博士生教育创新实践基地导师，博士后科研工作站合作导师，中央民族大学硕士研究生导师（兼），泰国格乐大学兼职教授、教育学博士生导师。主要研究领域：学校管理，学校文化建设，学生创新能力培养，高中多样化发展等。主持或参与国家级、北京市基础教育研究相关课题10余项，在国内刊物发表相关文章50余篇，参编或专著出版8部。

总　序

　　党的二十大报告中指出，"高质量发展是全面建设社会主义现代化国家的首要任务"、"教育、科技、人才是全面建设社会主义现代化国家的基础性、战略性支撑。必须坚持科技是第一生产力、人才是第一资源、创新是第一动力，深入实施科教兴国战略、人才强国战略、创新驱动发展战略，开辟发展新领域新赛道，不断塑造发展新动能新优势"。为深刻领会以习近平同志为核心的党中央作出这一战略部署的深义和赋予教育的新使命新任务，加快建设教育强国，加快推进教育高质量发展，展示新时代我国基础教育的发展变革和取得的重大成就，中国言实出版社策划、出版了"新时代教育文库"丛书。

　　进入新时代以来，教育系统全面贯彻党的教育方针，落实立德树人根本任务，培养德智体美劳全面发展的社会主义建设者和接班人；促进教育公平、提升教育质量，加快推进教育现代化，办好人民满意的教育。教育的中国特色更加鲜明，教育面貌正在发生格局性变化。新时代以来，我国教育普及水平实现了历史性跨越，更好地保障了人民受教育的机会；教育服务能力稳步提升，为国家重大战略实施和经济社会发展提供了强大的人才和智力支撑；教育改革开放持续深化，服务全民终身学习的教育体系进一步完善。"新时代教育文库"丛书记录了、见证了基础教育事业的发展变革，对研究我国基础教育具有一定的史料价值。

本丛书选题视野开阔，立意深远。丛书以地区分卷，入选学校办学特色鲜明、教学教研成果突出，既收录了办学者、管理者高水平的理论研究创新成果，也收录了一线教师对课堂教学的真实感悟案例，收录了一线管理者的成功经验总结，这些，对基础教育工作者、研究者具有一定的参考价值。

是为序。

著名教育家，中国教育学会名誉会长、北京师范大学资深教授

2022 年 12 月

序

刚刚胜利闭幕的党的二十大提出了全面建成社会主义现代化强国、实现第二个百年奋斗目标，以中国式现代化全面推进中华民族伟大复兴的使命任务。习近平总书记用"科技是第一生产力，人才是第一资源，创新是第一动力"形象而准确地概括了影响社会主义现代化进程的关键因素。科技、人才与创新之间的内在逻辑关系，必然要求各级各类学校承担起为党和国家培养掌握先进科技生产力、德才兼备创新人才的育人使命。

由于基础教育在人才培养体系中的奠基性地位，直接触发了对于"为谁培养人、培养什么人以及如何培养人"等基本问题的深层思考以及基于"党组织领导的校长负责制"的中小学校领导体制机制改革实践。

党的百年奋斗史有力证明，党的全面领导是党和国家事业取得不断胜利的根本保障。党的全面领导在中国特色社会主义实践中不断创新和完善，发挥着不可替代的决策中枢作用。毫无疑问，党的全面领导是确保教育正确方向、提高"为党育人，为国育才"质量和效率的体制机制保障，尤其是在人才培养规格发生显著变化、迫切需要强大的组织保障和改革攻坚的当今和未来，因此，在中小学推进"党组织领导的校长负责制"的领导体制机制改革是新时代育人使命的必然要求。

新时代中小学校党组织领导的校长负责制，承担着方向领航、决策模式创新和管理创新等重大领导任务，牢牢把握"培养德智体美劳全面发展的社会主义建设者和接班人"这个战略性政治任务，深入领会习近平总书记关于科技、人才与创新的"三个第一"的重要论述，发挥党组织凝心聚力的组织作用和党员的示范带动作用，建立充满活力、包括决策模式和管理模式在内的治理体系，根据学校特点确立办学定位、队伍建设、资源拓展、育人途径、课堂变革、文化环境以及机会公平等有利于德才兼备创新人才脱颖而出的信念体系和规则体系，引导学校通过制度创新找到学校实现育人使命的独特道路，推动学校集聚优势、加速品牌建设进程和保持创造性活力。

阮守华博士在中小学书记、校长的岗位上积累了很多具有实践价值的领导智慧和管理经验，也是中小学校新时代育人使命和党的全面领导制度在中小学校深入实践的积极思考者和行动者。阮守华博士在任职学校率先实践党组织领导的校长负责制，及时提炼党组织领导的校长负责制实践成果，及时总结党组织领导的校长负责制实践过程中产生的新问题，为中小学校党组织领导的校长负责制如何有效提高学校领导力提供了符合方向和极具价值的先行经验。

新时代中小学校党组织领导的校长负责制，还需要在中小学校领导和管理实践中不断积累经验、创新模式，期待更多的优秀实践成果不断涌现，赋予中小学校党组织领导的校长负责制更加肥沃的土壤，让中小学校党组织领导的校长负责制不断焕发新的活力。

于清华大学

2022 年 11 月 30 日

目　录

第一章　党组织领导的中小学管理概述

管理是人类社会的普遍现象。管理的定义很多，但大多数学者都认为，管理是人们为了达到一定的组织目标所进行的一系列有组织的活动。中小学是基础教育的基本单位，是教书育人的地方。因此，中小学管理有其自己的管理特征。将中小学管理纳入党组织领导下，加强党对教育工作的全面领导是办好教育的根本保证。可以说，只有党组织领导的中小学管理，才能坚持为党育人、为国育才，保证党的教育方针和党中央决策部署在中小学校得到全面贯彻落实。

一、党组织领导的中小学管理的内涵

党组织领导的中小学管理，由"党组织领导"与"中小学管理"复合而成。为此，必须首先分别厘定"党组织领导"与"中小学管理"的概念，继而探究何为党组织领导的中小学管理。

（一）党组织领导

在中小学管理中坚持党组织的领导，必须首先弄清楚什么是党组织的领导，以及它的职责是什么。

1.党组织领导的内涵

党组织即党的组织，是指党根据自己的纲领和章程，按照民主集中制原则，由全体党员组织起来的统一的有机体，是党的中央和党的各级组织以及广大党员群众的统一体。党组织领导，是指党组织在管理、人事以及干部选拔任用等方面，发挥好领导和把关作用，切实把党组织的领导落到实处，不断提高党组织的凝聚力和向心力。从学校层面来说，党组织领导即学校党组织对学校实行全面领导，履行管党治党、办学治校的主体责任和校长在学校党组织领导下依法治校的有机统一的学校领导体制，是中小学坚持社会主义办学方向、贯彻党的教育方针、落实立德树人根本任务的重要保证。

2. 党组织领导的职责

党的组织由中央组织、地方组织和基层组织三部分构成，是一个完整的组织体系。其中，党的基层组织包括党的基层委员会、总支部委员会和支部委员会。它是根据工作需要和党员人数，经上级党组织批准而建立起来的。党章规定，企业、农村、机关、学校、科研院所、社区、人民解放军连队和其他基层单位，凡是有正式党员三人以上的，都应当成立党的基层组织。学校党组织属于党的基层组织。学校基层党组织即学校党组织委员会（包括学校党委、党总支、党支部）是学校的领导机构，凡是涉及党的路线方针政策的大事、事关学校发展的重大问题和影响师生员工利益的重大决策，都必须按照民主集中制原则，由党组织集体讨论决定。这里面有三层含义：首先，学校党组织集体领导，采取的决策方式是民主集中制，任何个人都必须服从集体的意志，防止个人专断。党组织的每一项重大决策要历经"民主—集中—民主"三个阶段，即第一阶段要充分发扬民主，规范民主程序，广泛听取群众的意见建议；第二阶段要综合分析各方利益诉求，汇聚群众智慧，通过集中来形成统一的集体意志；第三阶段再用民主的方式进行决策。其次，学校党组织是一个领导集体，其核心职责是领导而非管理。党组织作为学校的领导机构，主要通过强有力的政治领导、思想领导和组织领导，保证以人才培养为中心的各项任务完成。党组织领导学校不是具体管理学校，必须支持校长依法行使管理职权。最后，党组织统一领导学校工作，按照"总揽全局、协调各方"的原则开展工作。学校党组织统一领导学校党建、行政、学术、民主党派、群团等各方面工作，但针对不同性质的组织，领导方式要有差异性和针对性。[①]

（二）中小学管理

中小学管理是管理学在中小学这一特定领域中的具体应用，是学校管理的一般本质在中小学领域中的特殊表现，其有效性依赖于一般管理理论与中小学活动的科学结合。

1. 中小学管理的内涵

中小学管理的本质就是学校管理。在学校管理实践过程中，随着学校管理经验的丰富与积累，学校管理理论逐渐形成和发展起来。那么，什么是学校管理？一些研究人员和从事实践工作的人士对此作了界定。

久下荣志郎认为："学校管理的概念，是包括为达到学校本来目的的一切行为，一般可分为物的管理、人的管理和经营管理。所谓物的管理，就是指对设施设备的维持、保全作用；人的管理是指对教职员工的任免、服务、惩戒、监督等；经营管理包括班级编制、教育课程、校务分担、儿童和学生的管理等。"[②] 张济正对学校管理的定义是："学校管理是一种以组织学校教育工作为主要对象的社会活动。学校管理是学校管理者通过一定的机构和制度，采用一定的手段和措施，带领和引导师生员工，充分利用校内外的资源和条件，整体优化学校教育工作，有效实现学校工作目标的组织活动。"[③] 江月孙认为："学校管理是有效整合学校内有限资源以实现教育目标的动态创造性活动。"[④]

由于学校管理活动在不断发展，人们认识它又有其不同的立场、方法、条件等，因此对学校管理有多种界定是正常的。虽然上述界定不尽相同，但均阐释了学校管理活动的一般性质和特点。主要包括：一是学校管理是学校领导者、管理者对学校总体工作进行的组织、安排、领导。

① 李奕. 中小学校党组织领导的校长负责制的理论思考与实践探索［J］. 基础教育研究，2021，（06）：21-22.
② ［日］久下荣志郎. 现代教育行政学［M］. 北京：教育科学出版社，1981：96.
③ 转引自苏伟栋. 中小学管理实务［M］. 沈阳：辽宁大学出版社，2009：1-4.
④ 江月孙. 中小学管理创新初探［J］. 广东教育学院学报，1999，（06）：1.

它面对的是全校性的工作、机构、财物、环境和所有的人员，而不是指对学校的个别部门、个别班、个别教师、个别学生的管理，也不是指对整个教育事业的管理。二是学校管理是一种在动态环境下的主体创新活动。学校的办学资源由无数的变量组成，有有形资源和无形资源，且处于动态变化之中。学校处在一定的环境中，与环境发生着相互作用，而环境本身又具有复杂性和多变性等特点。所以，学校管理就是管理者在研究、分析各种变量的基础上，提出治理学校的方案和措施并组织实施的活动。三是学校管理是一种有明确目的、任务的活动。学校管理的目的就是综合利用学校各种资源，以最小的投入来获取实现学校工作目标的最大效益。学校工作目标主要体现为学校教育目标，就是按照一定的社会要求培养人、教育人。学校管理的任务就是按照一定的规格、标准育人，并不断提高教育质量，同时努力使学校获得发展和提高。四是学校管理活动是阶段性与整体性相统一的动态过程。学校管理需要管理者依靠自己的职务、权力和责任对管理对象进行标准化、程序化、规范化的管理，要对学校教育总过程以及学校各项工作进行计划、执行、检查和处理。

通过以上分析可以看出，学校管理是管理的一种特殊形式，具有管理的一般特性，是管理的一般本质在学校组织中的特殊表现。所以，学校管理是指学校管理者为最大程度实现学校工作目标而进行的活动。

2. 中小学管理的模式

中小学管理是中小学管理者通过合理的组织结构和运行方式，充分发挥中小学校的人、财、物诸因素的最佳功能，以实现学校教育目标的活动。中小学管理水平关系着学校的教育质量和发展前景。在学校管理原则的指导下，对中小学各方面工作进行管理，是一种动态的活动过程。

自新中国成立以来，中小学校的管理体制或领导体制大致经历了七种形态。新中国成立初期，中小学校实行"校务委员会制"；1952—1956年，实行"校长负责制"，校长全面负责领导全校工作；1957—1962年，中小学校普遍实行"党支部领导下的校长负责制"；1963—1966年，实行"当地党委和主管教育部门领导下的校长负责制"；1967—1977年，各个学校成立了"革命委员会";1978—1984年,各学校实行"党支部领导下的校长分工负责制";1985年开始,各学校逐步完善校长负责制,实行校长负责制的学校,校长全面负责学校工作,并充分发挥基层党组织的政治核心作用。党的十八大以来,习近平总书记关于教育的重要论述突出了党在新时代教育事业全面领导的重要性,中小学校党组织领导的校长负责制应运而生。

(三)党组织领导的中小学管理

为了解决党政关系不协调等问题,各中小学实行"党组织领导的中小学管理制度"。这一制度初步明确了学校内部管理的权力制衡关系,既保证了校长充分有效地行使办学管理权,又保证了党组织的监督权力,从而使学校工作能够高效运转。

1.党组织领导的中小学管理职责概述

中小学校党组织全面领导学校工作,履行把方向、管大局、作决策、抓班子、带队伍、保落实的领导职责。[①]

中小学校党组织要坚持以习近平新时代中国特色社会主义思想为指导,深刻领悟"两个确立"的决定性意义,增强"四个意识"、坚定"四个自信"、做到"两个维护",贯彻党的基本理论、基本路线、基本方略,坚持为党育人、为国育才,确保党的教育方针和党中央决策部署在中小学校得到切实贯彻落实。同时,要开展社会主义核心价值观教育,抓好学生德育工作,做好教职工思想政治工作和学校意识形态工作,加强师德师风建设和学校精神文明建设。此外,还要领导工会、共青团、妇女组织、少先队等群团组织和教职工大会(教职工代表大会),强化党建带团建、队建,加强学生会和学生社团管理,做好统一战线工作,等等。

2.党组织领导的中小学管理主要原则

主导性原则是党组织引领中小学的办学方向与明确管理目标的重要原则,要坚持党管干部原则和党管人才原则。前者是指,按照有关规定

① 中共中央办公厅.关于建立中小学校党组织领导的校长负责制的意见(试行)[EB/OL].
(2022-01-26)[2022-05-26].http://www.gov.cn/zhengce/2022-01/26/content_5670588.htm.

和干部管理权限，负责干部的教育、培训、选拔、考核和监督。讨论决定学校内部组织机构的设置及其负责人的人选，协助上级党组织做好学校领导人员的教育管理监督等工作。后者是指，按照有关规定做好教师等人才的培养、招聘、使用、管理、服务和职称评审、奖惩等相关工作。

操作性原则是党组织领导的中小学管理的又一重要原则。学校党组织实行集体领导和个人分工负责相结合的制度。凡属重大问题都要按照集体领导、民主集中、个别酝酿、会议决定的原则，由党组织会议集体讨论作出决定。"集体领导、民主集中、个别酝酿、会议决定"构成了党组织领导的中小学管理的最重要、最基本的原则。

党组织班子成员根据集体的决定和分工，切实履行职责。在重大事项决策前，党组织书记与校长以及有关学校领导班子成员要个别酝酿、充分沟通，完善党政组织领导人磋商沟通机制，建立党组织书记与校长常态化沟通机制，每周至少就学校工作磋商一次，校长代表行政班子定期向党委述职，并充分听取班子成员的意见，充分调动教职工及群众组织的参与积极性，发扬民主精神。

3. 党组织领导的中小学管理方式

《中国共产党章程》规定，党的领导方式是政治领导、思想领导和组织领导，在中小学校管理中，中小学校党组织也要做好政治领导、思想领导和组织领导。

在政治领导上，中小学校党组织要坚持把政治标准和政治要求贯穿办学治校、教书育人的全过程、各方面，确保党的教育方针和党中央决策部署在中小学校得到切实贯彻落实；在思想领导上，中小学校党组织要把思想政治工作紧紧抓在手上，深入开展社会主义核心价值观教育，抓好学生德育工作，把弘扬革命传统文化、传承红色基因深刻融入学校教育，厚植爱党、爱国、爱人民、爱社会主义的情感，努力培养德智体美劳全面发展的社会主义建设者和接班人；在组织领导上，中小学校党组织要加强党组织建设和党员队伍建设工作，严格执行"三会一课"等党的组织生活制度，发挥基层党组织战斗堡垒作用和党员先锋模范作用。

二、党组织领导的中小学管理的意义

党组织领导的中小学管理，突出了中小学校党组织在管理中的领导核心作用，也是新中国成立以来最完善、最实用、最有效的中小学管理制度。党组织领导的中小学管理必将在新时代发挥积极作用，有着重要意义。

（一）为党育人与为国育才相统一

坚持和完善党组织领导下的中小学管理体制，能将为党育人和为国育才统一起来。

1. 坚持为党育人

以习近平同志为核心的党中央高度重视学校思想政治工作。围绕为谁培养人、培养什么人、怎样培养人这个根本问题，习近平总书记先后发表一系列重要讲话，作出一系列重要指示批示，系统、科学、深刻地回答了新时代学校建设的一系列方向性、根本性问题。

我国的中小学是党组织领导的中小学，是中国特色社会主义的学校。中小学校党组织必须把党的领导贯穿办学治校、教书育人全过程，履行管党治党、办学治校的主体责任，坚持党管办学方向、党管改革，充分发挥党组织的领导核心作用，确保正确办学方向。充分发挥基层党组织战斗堡垒作用和党员先锋模范作用，强化党建引领，推动党建工作和业务工作深度融合。同时，还要坚持"党管干部、党管人才"的原则，党组织按照有关规定和干部管理权限，做好干部、教师等人才的培养、选拔、考核和监督工作，这有利于中小学校干部、教师队伍建设，有利于培养一批高质量的干部、教师。在党组织的领导下，干部、教师与时俱进，树立终身学习理念，不断提高专业素养和育人本领，积极投身教育创新实践、推动教学变革。如此才能培养学生立足未来社会的创造性思维和创新能力，为国家培养一批又一批人才。

2. 坚定为国育才

百年大计，教育为本；教育大计，教师为本。教师做的是传播知识、传播思想、传播真理的工作，是塑造灵魂、塑造新人的工作，这也就要求教师不能只做传授知识的教书匠，而要成为塑造学生品格、品行、品位的"大先生"。

在党组织的领导下，中小学校聚焦立德树人根本任务，坚持为党育人、为国育才的教育使命，守正创新、勇毅前行，以昂扬的奋斗姿态走好新的赶考之路。中小学校始终做到与党同心、与祖国同行、与时代同步，践行"一切为了学生的成长，一切为了教师的发展"的价值理念，帮助学生"扣好人生第一粒扣子"，为他们成长为高素质的栋梁之材打下坚实的基础。

3. 坚持为党育人与坚定为国育才相统一

坚持和完善党组织领导下的中小学管理体制，能将为党育人和为国育才统一起来。培养什么人，是教育的首要问题。我国是中国共产党领导的社会主义国家，这就决定了我们的教育必须把培养社会主义建设者和接班人作为根本任务。坚持党组织的领导，有利于培养一代又一代拥护中国共产党领导和我国社会主义制度、立志为中国特色社会主义奋斗终身的有用人才。

坚持育人和育才相统一，要避免走向两个误区：一是将"育才"等同于"育人"；二是将"成功"与"成才"混为一谈。好的教育，应该是提倡立德树人前提下的"成才"，鼓励"成才"基础上的"成功"。要避免误区，就要抓好知识传授的基础环节、能力培养的关键环节、价值观塑造的根本环节，因材施教、深耕细作，摒弃"千人一面"的教育模式，实现"千姿百态"的教育生态，达到"异彩同辉"的教育效果。

（二）教育方针与育人实践相统一

党的教育方针是党关于教育的指导思想和基本纲领，是党的理论和路线方针政策在教育领域的集中体现，是党和国家制定教育政策、开展教育工作的重要依据。党组织领导教育部门制定教育方针，同时领导教育系统落实教育方针，使之与育人实践相统一。

1. 制定教育方针

教育是国之大计、党之大计，我国教育的发展离不开党的教育方针的不断探索与完善。一百多年来，在中国共产党的领导下，我国教育事业发生了翻天覆地的变化，构建了中国特色社会主义教育治理体系，使更多更公平的教育发展成果惠及全体人民，在推进教育现代化、建设教育强国、办好人民满意教育等方面取得了显著成绩。

提出并确立教育方针，根据教育形势任务与时俱进调整完善教育方针，是党领导教育工作的一条基本经验。党中央不断完善党的教育方针，使"为谁培养人、培养什么人、怎样培养人"的方向更加鲜明、内容更加完善、要求更加明确。关于"为谁培养人"的问题，教育必须为社会主义现代化建设服务、为人民服务；关于"培养什么人"的问题，必须培养德智体美劳全面发展的社会主义建设者和接班人；关于"怎样培养人"的问题，必须与生产劳动和社会实践相结合。中小学作为基础教育的重要组成部分，要全面领会党的教育大政方针，实事求是制定相关教育方针政策。

2. 落实育人实践

中国教育的发展也离不开各级各类学校对党的教育方针的落实。立德树人是对教育根本性质和任务的全新概括，体现了党与人民的关怀和期望，体现了教育的现代化与特色化。广大教师牢记使命，以立德树人为育人的根本目的和任务，对教育教学方法进行创新，为学生提供优质的服务与高质量的课堂教学，确保我国社会主义事业能有充足的、高质量的人才基础。

在人才培养过程中，中小学校坚持以习近平新时代中国特色社会主义思想为指导，紧跟党中央步伐，以立德树人为中心，坚持德智体美劳全面培养，落实"全员育人、全程育人、全方位育人"改革的总体目标，通过社会主义核心价值观的引领，全面提高人才培养的能力，切实提升工作的亲和力与针对性，夯实基础、强化重点、建立制度、落实责任，构建出内容完善、制度健全、运行合理、保障充分、成果显著的一体化思想政治工作体系，努力形成贯通学科体系、教学体系、教材体系、管理体系的全员、全过程、全方位的育人新格局，为学生创造更好的教育教学环境。①

3. 制定教育方针与落实育人实践相统一

中国基础教育事业的发展需要党的领导，需要全面贯彻党的路线方针政策，从而为发展现代化的教育事业提供保障，更好地为党、国家及人民服务，全面落实立德树人的根本任务，加强人才培养，让人才能够为中国特色社会主义事业的建设提供有力支持与坚强保障。

同时，中国教育事业的发展也离不开中小学校对党的教育方针政策的落实与实践。在党的教育方针政策的指导下，各中小学校不断创新，为中华民族培育更多高质量人才，为中华民族伟大复兴提供坚实的人才基础。

（三）教育决策与政策执行相统一

教育决策是教育管理部门根据党的教育方针而具体制定的，是中小学校首先需要贯彻执行的。教育决策一方面是党的教育方针的具体体现，另一方面有着相对明确的可行性和可操作性。

1. 教育决策

教育决策是教育管理部门根据党的教育方针，对教育未来行动确定目标，并选择一个能实现预期目标的行动方案的过程。

教育决策具有导向性、创新性、前瞻性的特点。② 教育决策的导向性表现在教育决策无论以什么样的形式表现，都是对一定行为的预先设计与思考。它要研究做什么、怎么做、为什么做、什么时候做、谁来做、在哪儿做等一系列的问题，这些问题的清晰设计会为教育指明努力的方向。教育决策的创新性表现为教育决策先于教育活动，是为教育活动创造条件的。教育决策的前瞻性是由教育决策的导向性、创新性以及教育

① 李健芸. 主题·本质·特征——关于把立德树人作为根本任务的论述 [J].黑龙江教师发展学院学报，2022，（01）：99-101.
② 王晓辉.教育决策与治理 [M].北京：教育科学出版社，2010：7-16.

的优先发展性所决定的。教育优先发展的必然性已经为教育发展的实践要求所证明。

2. 政策执行

教育政策执行是指学校根据教育政策的有关要求和规定，整合自身所拥有的各项资源，解决教育政策问题和实现教育政策目标的过程。教育政策的执行，是一种落实行政责任的行为，更是一种坚持教育信念的过程。在教育现代化的过程中，对教育政策的执行，不应仅仅视为"任务式"的机械行动，更不应一味追求手段的技术性与程序性，否则，政策执行者将成为"向上邀赏、向下交差"的工具而已，没有了活力、思想和信念，忘记了自身的终极目标和责任。在教育政策执行的过程中，应该尽快解缚固化思维，摆脱技术与工具的依赖，重构关于人的意义，在政策执行的过程中注入生命和灵魂。

在中小学校，为推进教育政策的有效落实，实现公共教育利益和教育公平，必须要规范政策执行者主要是中小学校长的自由裁量权的运用，防止"公权滥用"和过分追逐私利；同时要建立公德伦理，呼唤政策执行者的道德自觉，培养和弘扬公共精神。可以从"强化认知""培养情感""加强实践"三个维度来建立教育政策执行者的公德伦理，激发政策执行者内心的教育热情，提高政策执行者对公共利益与教育发展的认可度。①

3. 教育决策与政策执行相统一

教育的决策要化为行动才能产生效果，决策是为了采取行动，没有执行的决策，即是毫无意义的决策。教育决策的执行是教育决策过程的中间环节，在教育决策过程中起着承上启下的作用。作为观念形态的教育决策只有依赖于行之有效的教育政策执行，才能最终转变为现实形态的教育政策执行结果。

实行和完善党组织领导的中小学管理体制，一方面，基础教育管理

---

① 毕进杰. 从工具走向价值：教育政策执行的理性回归［J］.现代教育管理，2019，（10）：75–76.

部门的教育决策给中小学校进行教育教学管理指明了方向，确保其最大程度上领会党的教育方针的精神所指；另一方面，要确保中小学校对教育政策的贯彻执行，进而使教育决策发挥作用。因此，党组织领导的中小学校管理，能够确保教育决策与政策执行相统一。

三、党组织领导的中小学管理的职责

历史和实践充分证明，教育事业之所以能够不断焕发出强大的生机与活力，其中最为重要的是，坚定不移地贯彻执行党的路线方针政策。因此，必须坚持和完善党组织领导的中小学管理制度，确保中小学校党组织全面领导学校工作。

（一）把方向：坚持社会主义办学方向

中国共产党的领导是中国特色社会主义最本质的特征，是中国特色社会主义制度的最大优势。"办好中国的事情，关键在党。"[1] 坚持中国共产党对教育事业的全面领导，才能将社会主义的制度优势转化为发展教育事业的强大动力，才能确保社会主义的办学方向，落实立德树人的根本任务。因此，坚持和完善党组织领导的中小学管理，是中小学校坚持社会主义办学方向的需要；坚持和完善党组织领导的中小学管理，是牢牢掌握中小学校意识形态工作领导权、管理权、话语权的需要。[2]

人类进入阶级社会以来，教育就具有鲜明的阶级性，具有政治功能、经济功能和文化功能等诸多功能。在阶级社会中，所有的统治阶级都十分重视教育的政治功能。事实上，教育与政治的关系是十分密切的。教育不是为这种政治服务，就必然为另一种政治服务。我国是社会主义国家，我国的教育是为建设中国特色社会主义服务的，我们要用无产阶级

---

[1] 习近平.用新时代中国特色社会主义思想铸魂育人 贯彻党的教育方针落实立德树人根本任务 [EB/OL].（2019-03-18）[2022-05-26]. http://www.moe.gov.cn/jyb_xwfb/s6052/moe_838/201903/t20190318_373973.html.

[2] 杨晓慧.党委领导下的校长负责制：重大意义、基本要求与实践创新 [J].思想理论教育导刊，2015，（04）：12.

的世界观、人生观、价值观来塑造下一代。为了实现这个培养目标，中小学校必须把坚定正确的政治方向放在第一位，全面贯彻党的教育方针；必须以马克思主义为指导，对学生进行爱国主义、集体主义、社会主义、共产主义教育；必须有一个忠于马克思主义的坚强领导班子；必须建设一支能够教书育人、管理育人、服务育人的新时代教职工队伍。这些就是我国社会主义教育与资本主义教育的本质区别。为了使我国教育事业沿着社会主义方向健康发展，不仅要加强党对教育工作的领导，而且必须加强中小学校党的工作。这是中国特色社会主义教育的题中应有之义，是中小学校党组织的应尽之责。[①]

（二）管大局：落实立德树人根本任务

坚持和完善党组织领导的中小学管理，是贯彻中小学校立德树人根本任务的需要。坚持和完善党组织的领导，要坚持把政治标准和政治要求贯穿办学治校、教书育人全过程各方面，坚持社会主义办学方向，落实立德树人根本任务，团结带领全校教职工推动学校改革发展，培养德智体美劳全面发展的社会主义建设者和接班人。在政治道路和政治方向上，中小学校党组织要把好学校思想意识的"方向盘"，管好学校思想政治工作的大局，扎稳"党的领导"的前沿阵地。

尤其是要针对新形势下学校育人面临的一系列新情况新挑战新问题，切实加强和改进学校思想政治工作，坚持马克思主义指导地位，巩固和加强意识形态阵地，坚持不懈传播马克思主义科学理论，坚持不懈培育和弘扬社会主义核心价值观，用习近平新时代中国特色社会主义思想武装头脑，坚持不懈促进学校和谐稳定，坚持不懈培育优良校风和学风，引导广大师生员工坚持正确政治方向。[②]青少年是祖国的未来、民族的希望，我们党立志于中华民族千秋伟业，必须培养一代又一代拥护中国共产党和我国社会主义制度、立志为中国特色社会主义事业奋斗终身的有

① 中共四川省委组织部，中共四川省委《学习与建设》杂志社.学校党的工作［M］.成都：四川辞书出版社，1990：1-2.
② 刘承功.坚持和完善党委领导下的校长负责制［J］.思想理论教育，2017，（06）：72.

用人才。在这个根本问题上，必须旗帜鲜明、毫不含糊、坚定不移。

（三）作决策：坚持科学民主依法决策

在学校管理中，中小学校的党组织要在把好办学治校、教育教学、人才培养过程中的"政治关"的基础上，讨论决定事关学校改革发展稳定及教育教学、行政管理中的"三重一大"事项和学校章程等基本管理制度，支持和保证校长依法依规行使职权。

坚持和完善党组织领导的中小学管理，要在最大程度上保证中小学校决策的科学性和民主性。党组织的决策是集体讨论，作出决定。《中国共产党章程》第十条第五款规定："凡属重大问题都要按照集体领导、民主集中、个别酝酿、会议决定的原则，由党的委员会集体讨论，作出决定。"第十七条规定："党组织讨论决定问题，必须执行少数服从多数的原则。决定重要问题，要进行表决。"在中小学校，党组织领导的中小学管理，对重大事项的决策程序是进行集体讨论，每位成员充分发表意见后，采取口头、举手、无记名或记名投票等方式进行表决，按少数服从多数的原则形成决议，这在最大程度上保证了决策的科学性和民主性。

（四）抓班子：选好配强学校领导班子

中小学校要坚持党管干部原则，按照有关规定和干部管理权限，负责干部的教育、培训、选拔、考核和监督。讨论决定学校内部组织机构的设置及其负责人的人选，协助上级党组织做好学校领导人员的教育管理监督等工作。

中小学校的党组织认真履行领导和把关作用，按照有关规定，严格标准条件和程序，精准科学选人用人，注重选拔党性强、懂教育、会管理、有威信、善于做思想政治工作的优秀党员干部担任学校党组织书记，着力培养政治过硬、品德高尚、业务精湛、治校有方的校长队伍。党组织设置为党委、党总支的中小学校，党组织书记、校长一般应当分设，党组织书记一般不兼任行政领导职务，校长是中共党员的应当同时担任党组织副书记；党组织设置为党支部的中小学校，党组织书记、校长一般由一人担任，同时应当设一名专职副书记；学校行政班子副职中的党员一般应当进入党组织班子。加强学校领导班子思想政治建设，完善培养选拔、教育培训、考核评价、激励保障机制，加强任期考核，推动学校领导人员履职尽责、潜心育人、清正廉洁。①

此外，学校党组织要结合年度考核向上级党组织报告执行情况，学校领导班子成员要在民主生活会、述职评议、年度工作总结中报告个人执行情况。上级党组织和有关部门要将学校贯彻执行党组织领导的校长负责制情况作为巡察监督、教育督导的重要内容和对学校领导班子、领导人员考核评价的重要参考，对违反民主集中制原则，不执行学校党组织决议，或因班子内部不团结而严重影响工作的，按照有关规定追究相关人员责任，必要时对班子进行调整。

（五）带队伍：强化各级各类队伍建设

中小学校要坚持"党管人才、党管干部"，党要积极融入学校党政干部、学校骨干选拔、培养、任用工作。党要通过长期有计划的培养，将党性强、业务水平高、懂管理的人才纳入学校党政干部队伍中，努力将教学骨干培养成学校管理骨干，注重学校人才、干部的队伍建设。同时，做好教师等人才的培养、招聘、使用、管理、服务和职称评审、奖惩等工作，做好各级各类队伍建设。

若要强化党对中小学校工作的全面领导，那么党组织的书记是贯彻和落实党对学校工作全面领导的关键性人物。因此，面对学校党组织的所有成员，党组织书记的带队伍能力是十分关键的因素。可以说，党组织书记的带队伍能力决定着学校党组织战斗堡垒作用和党员先锋模范作用的发挥。因此，培养和强化学校党组织书记的带队伍能力是建好党组织的前提保障。要将培养党组织书记带队伍能力纳入议事日程，建立相应的培养体系以确保每位党组织书记都具有带队伍能力，定期分析和研究党组织书记的带队伍能力，有针对性地制定培养办法，明确改进措施。

① 中共中央办公厅.关于建立中小学校党组织领导的校长负责制的意见（试行）[EB/OL].
（2022-01-26）[2022-05-26].http://www.gov.cn/zhengce/2022-01/26/content_5670588.htm.

一要建立健全党组织书记带队伍能力的培养系统、监管机制和评价机制。二要建立起党组织书记带队伍效果的考核、奖惩与激励机制。三要落实党组织书记带队伍的活动资金保障，多措并举地保障培养党组织书记带队伍能力的经费投入。

（六）保落实：确保各项决策贯彻执行

在党组织的领导下，中小学校要坚持以习近平新时代中国特色社会主义思想为指导，深刻领悟"两个确立"的决定性意义，增强"四个意识"、坚定"四个自信"、做到"两个维护"，贯彻党的基本理论、基本路线、基本方略，坚持为党育人、为国育才。要把"四个自信"转化为办好中国特色社会主义教育的自信，要按照"不忘本来、面向未来、吸收外来"的要求，扎根中国大地办好中国特色社会主义教育。确保党的教育方针和党中央决策部署在中小学校得到切实贯彻落实。

保落实是党组织领导的中小学管理的根本所在，一切教育方针、教育决策只有在确保落到实处的情况下，才有具体的实际性意义。一方面，要坚持科学决策、民主决策、依法决策。讨论决定学校重大问题，应当在调查研究基础上提出建议方案，经学校领导班子成员特别是党组织书记与校长充分沟通且无重大分歧后提交会议讨论决定。另一方面，要调动学校内部的一切人力、物力，合理分配资源，坚持以学生为本，将集体作出决定的"建议方案"切实落到实处，不能半途而废，浪费教育资源。

第二章　党组织领导的中小学管理制度

基础教育担负着为党育人、为国育才的重要使命。推动中小学校高质量发展，亟须在中小学校探索建立党组织发挥领导作用的组织体系、制度体系、工作机制。而其关键就是要把党的全面领导贯彻落实在办学治校全过程，切实把党的领导这一中国特色社会主义制度的最大优势转化为引领和推动学校发展的治理优势和治理效能。

在推动包括教育事业在内的整个人类社会进步的过程中，领导是一种凝心聚力、奋发向上、创新作为、止于至善的重要力量。万物得其本者生，百事得其道者成。加强党的全面领导，是中小学校高质量发展的"本"；推行中小学校党组织领导的校长负责制，则为中小学校高质量发展的"道"。

一、党组织领导的中小学管理体制历史沿革

中国共产党在领导基础教育的百年历程中，不同历史时期体现出不同的工作重点和特征，逐渐变革为党组织领导的中小学校长负责制。

（一）新民主主义革命时期：开创定位期

1921 年，中国共产党的诞生开启了中国历史新纪元。党在新民主主义革命过程中积累了领导教育事业的基本经验。在此期间，中国共产党将基础教育总体定格在服务与服从于民族解放和国家独立的大局下开展

工作，特别强调了义务教育普及、学费免除、教育与宗教分离、男女平等接受教育等问题的紧迫性和重要性。1922 年 7 月在上海召开的中国共产党第二次全国代表大会通过的《中国共产党第二次全国代表大会宣言》提出，"女子在政治上、经济上、社会上、教育上一律享受平等权利；改良教育制度，实行教育普及"①。1923 年 6 月在广州召开的中国共产党第三次全国代表大会通过的《中国共产党党纲草案》要求："实行义务教育，教育与宗教绝对分离。全国教育经费应严重保证。"②

1937 年，面对抗日战争全面爆发危局，中国共产党提出了一切服从时局需要的教育主张，"改变教育的旧制度旧课程，实行以抗日救国为目标的新制度新课程。实施普及的义务的免费的教育方案，提高人民民族觉悟的程度。实行全国学生的武装训练"③。

1940 年，毛泽东在《新民主主义的政治与新民主主义的文化》的讲演中指出，新民主主义文化是民族的、科学的、大众的，是反帝反封建的，是中华民族的新文化。④同年，中共中央宣传部明确指示："我党应积极进行普及的新民主主义的国民教育，必须把建设新民主主义的小学教育事业提到重要的地位上来，且国民教育不分阶级，我们的小学教育应该包括广大失学和半失学的儿童与青年。"⑤为确保新民主主义教育的落地、落实、落细，毛泽东在 1944 年的《文化工作中的统一战线》演讲中指出："在教育工作方面，不但要有集中的正规的小学、中学，而且要有分散的不正规的村学、读报组和识字组。"⑥1946 年，中国共产党在《和

---

① 中国共产党历次代表大会数据库［EB/OL］.［2022–05–26］. http://cpc.people.com.cn/GB/64162/64168/64554/4428164.html.
② 中国共产党历次代表大会数据库［EB/OL］.［2022–05–26］. http://cpc.people.com.cn/GB/64162/64168/64554/4428164.html.
③ 中共中央文献研究室，中央档案馆. 建党以来重要文献选编（1921—1949）（第十四册）［M］. 北京：中央文献出版社，2011：477.
④ 中共中央文献研究室，中央档案馆. 建党以来重要文献选编（1921—1949）（第十七册）［M］. 北京：中央文献出版社，2011：52–54.
⑤ 中共中央文献研究室，中央档案馆. 建党以来重要文献选编（1921—1949）（第十七册）［M］. 北京：中央文献出版社，2011：654–657.
⑥ 毛泽东. 毛泽东选集（第三卷）［M］. 北京：人民出版社，1991：912–914.

平建国纲领草案》中提出要进一步推动文化教育改革，"废除党化教育，保障教学自由。普及城乡小学教育，扶助民办学校，改造中等教育，同时根据民主与科学精神，改革各级学校内容"①。

中共中央在 1948 年关于新区学校工作的指示和 1949 年中国人民解放军总部布告中规定，"保护一切公私立学校、医院、文化教育机关、体育场所和其他一切公益事业。凡在这些机关供职的人员，均望照常供职。人民解放军一律保护，不受侵犯"。学校应"暂维现状，即日开学"。② 根据上述规定，各地军事管制委员会派出了大批干部，妥善接管了各级公私立学校，深入实际，帮助各级学校组建了校务委员会。

（二）社会主义革命和建设时期：探索实践期

1. 校务委员会制

在校务委员会领导下，公私立中小学执行了"维持原有学校，逐步作可能与必要的改善"的方针，广大师生以高涨的革命热情投入了复课工作。学校迅速开学，学生陆续返校。与此同时，学校公开或建立了党的基层组织，清理教职工队伍，改变教师聘任办法，实行教师专任制，重组校内教务、庶务等职能部门；取消反动的训导制度，提倡和推行民主管理。③ 校务委员会这种集体管理制度，在稳定和建立学校新秩序中发挥了积极的作用。

随着地方人民政府的成立，公私立中小学进行了调整和整顿。私立学校重新登记备案，公立学校取消国立、省立、县立的区别，一律实行分级管理，由各级人民政府向学校选派或委任校长。大批干部，包括军队中知识分子干部被派到学校，担任领导工作，并且长期留在了教育战线。

为了有效地指导和推动新中国的教育建设，教育行政部门在教育的管理中强调了加强统一集中领导。当时，毛泽东同志曾对教育部的工作

---

① 中共中央文献研究室，中央档案馆. 建党以来重要文献选编（1921—1949）（第二十三册）[M]. 北京：中央文献出版社，2011：56.

② 钱平青. 中小学领导体制变革的回顾和比较 [J]. 教育评论，1989，（06）：5.

③ 钱平青. 中小学领导体制变革的回顾和比较 [J]. 教育评论，1989，（06）：5.

提出一个指导性的意见：建立各大行政区、各省市向中央教育部请示报告的制度，是指导全国教育工作的关键。① 根据这一精神，教育系统的领导体制、行政组织和请示报告制度开始了正规集中的建设。

这一时期的"校务委员会"主要是由进步教职员工和学生骨干组成，作为临时机构管理学校工作。这是一个短暂的过渡时期。② 校务委员会制是新中国人民当家作主的政治诉求在教育领域的体现，保证了中小学校与社会其他领域政治发展的一致性。它在维护学校稳定过渡的同时，加强了民主管理，但在运行中也产生了较为突出的问题。一些研究者认为，这种体制很快就暴露出极端民主、工作无人具体负责的弊端。③ 实际上，这种弊端也体现了学校领导体制改革要遵循教育规律、领导干部选任必须突出教育专业素养的要求。

2. 校长责任制

在全国学习苏联、实行一长制的背景下，建立校长责任制的问题提上了日程。1951 年 3 月，教育部召开了第一次全国中等教育会议。会议主题是讨论中等教育的方针任务，同时讨论和提出了办好学校必须正确执行校长责任制。根据中央人民政府政务院颁布的《关于改革学制的决定》，教育部制定了《小学暂行规程（草案）》和《中学暂行规程（草案）》，提出实行"校长责任制"。两个规程草案还规定，中学校长、副校长、教导主任、副教导主任均应兼课。小学校长和教导主任也都应任课。在校务繁重的学校，得报请领导机关核准后酌量减免。中学建立的会议制度有每月一次的校务会议、每两周一次的各科教学会议、每学期开始与结束时举行的学生家长会议，讨论重大问题，征询意见。小学每月举行一次全体教职员出席的校务会议，讨论检查教导工作；每两周举行一次教导研究会议，交流总结经验。小学成立家长委员会，由家长代表、教育委员、校长等组成，密切家庭和学校的联系，并协助学校解决

① 转引自钱平青.中小学领导体制变革的回顾和比较［J］.教育评论，1989，（06）：5.
② 李树峰.从我国中小学领导体制的变迁看建立校长问责制的必要性［J］.当代教育科学，2005，（17）：38.
③ 张洪华.建国后中小学领导体制演变的特点及趋势［J］.教学与管理，2010，（19）：3.

› 020

困难。① 为了从组织上保证责任制的实行，1953 年 5 月，中共中央政治局举行会议，讨论教育工作，根据各地反映各级学校领导干部缺乏、配备有困难的情况，决定从宣教部门、青年团抽调干部充实大学的领导、中小学的领导骨干，由地方负责，在几年内逐渐解决。②

1954 年 6 月，政务院发布《关于改进和发展中学教育的指示》，进一步强调要继续改进学校的领导工作，提出要建立学校的领导核心。校长对学校工作应全面负责，以领导教学为中心，使教学工作成为学校的中心任务。③1955 年 3 月，中央宣传部召开全国学校教育工作座谈会，在《关于学校教育工作座谈会的报告》中指出，学校中的党组织和学校行政互相间都没有领导或指导关系。但应互相帮助，密切配合，为搞好教学、办好学校而协同进行工作。④ 这一段话，对学校中党的基层组织和行政双方的关系作了明确的表述。

由于这一时期（一直到中共八大以前）很多中小学没有建立党组织，学校党组织的权责还没有在文件中提及。其后，为进一步提升办学质量，又先后发布了《中央人民政府政务院关于整顿和改进小学教育的指示》（1953 年）和《中央人民政府政务院关于改进和发展中学教育的指示》（1954 年）。其中关于中学的指示文件强调，"改进学校领导的关键，首先在于建立学校领导核心，发挥集体领导作用，校长对学校工作应全面负责，但必须以领导教学为中心"⑤。

学校的一切重大问题均由校长决定，这种从苏联移植过来的模式实际上是"校长一长制"，校长的领导职责比较明确具体，规定了学校行政

---

① 《中国教育年鉴》编辑部. 中国教育年鉴（1949—1981）[M]. 北京：中国大百科全书出版社，1984：729.

② 《中国教育年鉴》编辑部. 中国教育年鉴（1949—1981）[M]. 北京：中国大百科全书出版社，1984：201-205.

③ 《中国教育年鉴》编辑部. 中国教育年鉴（1949—1981）[M]. 北京：中国大百科全书出版社，1984：733.

④ 钱平青. 中小学领导体制变革的回顾和比较 [J]. 教育评论，1989，（06）：6.

⑤ 党评文. 贯彻落实好新时代党的组织路线 [J]. 学校党建与思想教育，2020，（14）：701.

系统和党组织的平行双轨的形式和互相帮助、配合的关系。① 学校内部的组织机构比较精干。校长、副校长都不脱离教学，掌握了指导教学的权力。通过固定的会议制度，保证了学校行政事务的集体参与、民主管理和社会监督。这一领导体制的确定和实行，对于顺利完成 1952 年下半年开始的接办、整顿私立中小学，克服学校的忙乱现象，提高校长的办学积极性，提高教育质量以及后来进行的教学改革，完成中小学教育和教学任务等方面，都起了积极的作用。当然，强调个人负责，高度集权，在经验不足或缺乏有效监督制约机制的情况下，会在一定程度上造成个人独断专行的现象。

3. 党支部领导下的校长负责制

从 1957 年开始直到 1966 年"文化大革命"前夕的十年，由于党的工作在指导方针上有过失误，全国的政治和经济形势经历了一个曲折的发展过程。在教育战线，1958 年开展了以勤工俭学、教育与生产劳动相结合为中心的教育革命，学校频繁停课，师生下乡参加劳动。有些地区的学校裁撤合并，大量学生流动，教学秩序受到了严重冲击。②

党的八大通过的党章规定："在企业、农村、学校和部队中的党的基层组织，应当领导和监督本单位的行政机构和群众组织积极地实现上级党组织和上级国家机关的决议，不断地改进本单位的工作。"③ 这是实行党支部领导下的校长负责制的主要根据。1957 年，中小学普遍建立党支部，实行党支部领导下的校长负责制，突出了党对学校的领导作用。但由于党政职责不清，出现了党政不分、以党代政的现象。1958 年的"大跃进"则从舆论和行动上加速推进了这种体制的实行。1958 年中共中央、国务院颁发的《关于教育工作的指示》规定："一切教育行政机关和一切学校，应该受党委的领导。""在一切高等学校中，应当实行党委领导下

① 杨树兵，朱永新.建国以来我国中小学领导体制的回顾与思考［J］.上海师范大学学报（哲学社会科学版），1999，（10）：61.

② 陈恩恒.学校领导体制改革的探讨［J］.辽宁教育学院学报，1987，（01）：6-11.

③《中国教育年鉴》编辑部.中国教育年鉴（1949—1981）［M］.北京：中国大百科全书出版社，1984：89.

的校务委员会负责制;一长制容易脱离党委领导,所以是不妥当的。"还
规定了,"一切中等学校和初等学校,也应该放在党委的领导之下"。① 于
是,中小学全面实行了党支部领导下的校长负责制。当时的这种体制突
出了党支部对学校工作的领导,赋予党支部对学校重大问题的决策权,
但也造成了校长工作的权责分离,给校长的管理带来很大的困难。

4. 当地党委和主管教育的行政部门领导下的校长负责制

1961 年以后,在调整中又确定了当地党委和主管教育的行政部门
领导下的校长负责制。1963 年 3 月,中央转发了教育部《全日制中学暂
行工作条例(草案)》和《全日制小学暂行工作条例(草案)》。上述两
个条例(草案)规定:"校长是学校行政负责人,在当地党委和主管的教
育行政部门领导下,负责领导全校的工作,团结全体教职工完成教学计
划。""学校党支部对学校行政工作负有保证和监督的责任。"从此,中小
学领导体制确立为上级党政部门领导下的校长负责制。

实行这种体制后,特别是 1963 年开始实行地方党委和主管教育的
行政部门领导下的校长负责制以后,学校党政干部之间职责分明,矛盾
较少,行政机构的作用发挥较好,学校工作体现了教学中心。这种体制
就学校内部来说又恢复了校长负责领导全校工作的地位,权责关系得到
了统一,同时也明确了党组织的地位和责任,较好地处理了党政关系,
使党政两方面的工作有了明确的分工,是学校领导体制建设上的重要进
步。上述两个条例(草案)发布以后直至"文化大革命"前夕,由于宏
观管理环境的相对稳定,学校内部党政职责大体比较分明,学校在加强
思想政治教育、贯彻以教学为主的原则、积极提高教育质量、完成中小
学教育任务等方面都产生了较好的效果。但也不能忽略,这个体制在学
校的外部关系上强调了学校与当地党委和主管教育的行政部门的隶属关

---

① 刘英杰. 中国教育大事典(1949—1990)(上)[M].杭州:浙江教育出版社,1993:11.

系。①

5. 革命委员会制

1966 年 5 月至 1976 年 10 月的全国"文化大革命",使党和国家遭到了严重的挫折和损失,也造成了教育上的混乱、破坏和倒退。从 1966 年下半年开始,各级学校停课放假,学校行政领导和党、团组织全部陷于瘫痪。12 月,大批师生到工厂、农村串联。1967 年初,人民解放军介入"文化大革命",派遣干部、战士进驻各级学校,实行军管,组织军训,办"毛泽东思想学习班",建立文化革命委员会。2 月,中共中央发布《关于小学无产阶级文化大革命的通知(草案)》,规定由小学教师和高年级学生民主选举,产生小学的文化革命委员会和文化革命领导小组。②《关于中学无产阶级文化大革命的意见》规定,在大联合的基础上,由革命学生、革命教职员和革命领导干部民主选举文化革命委员会,负责领导中学的"文化大革命"运动。1968 年 8 月,工人毛泽东思想宣传队进驻学校。在农村,农村毛泽东思想宣传队进驻学校,成立以贫下中农为主,由师生代表参加的贫下中农管理学校委员会,一切工作由贫下中农管理学校委员会决定。至此,中小学全部由军宣队、工宣队、农宣队领导管理,权力机构的形式是革命委员会。

革命委员会出现于以阶级斗争为纲的非常时期。这种体制,一方面从成员的构成上说,混淆了党、政、群三种组织的不同性质、不同活动内容和不同的地位作用;另一方面从决策人数上说,它是属于集体决策、集体负责的委员会制,造成了教育管理互相推诿、行政效率低下等问题。

(三)改革开放和社会主义现代化建设时期:恢复发展期

1. 党支部领导下的校长分工负责制

1977 年 8 月,邓小平同志在科学和教育工作座谈会上提出了体制和机构问题,并强调,"科研部门、教育部门都有一个调整问题","第一位

---

① 我国中小学校领导体制的历史演变和启示[EB/OL].[2022-05-26].http://media.open. Com.cn/media __ file/rm/dongshi2006/xuexiaoguanlixue/nr/2-1-2.htm.

② 钱平青.中小学领导体制变革的回顾和比较[J].教育评论,1989,(06):8.

的是配备好领导班子"。① 同年 9 月，邓小平同志同当时的教育部长刘西尧谈教育战线拨乱反正问题时指出："工宣队问题要解决，他们留在学校也不安心。军队支左的，无例外地都要撤出来。"②1977 年 11 月，各地进驻大、中、小学的工宣队全部撤出了学校。

　　1978 年 9 月，教育部重新颁发了《全日制中学暂行工作条例试行草案》和《全日制小学暂行工作条例试行草案》，明文规定了全日制中小学"实行党支部领导下的校长分工负责制。学校的一切重大问题必须经过党支部讨论决定"，"党支部统一领导学校各方面的工作"。③ 由此，党支部领导下的校长分工负责制代替了革命委员会领导制。实际上，就是党支部领导制。条例中尽管也提到了"学校党支部要善于贯彻执行集体领导与分工负责相结合的原则，充分发挥行政领导干部的作用，不要包办代替"，但在实际试行中，仍然不可避免地暴露出党政不分、职责不清，分工不负责、关系不协调，工作效率低、办学效益差等弊端。

　　党的十一届三中全会以来，党中央作出了把工作重点转移到社会主义现代化建设上来的战略决策，提出了四项基本原则和改革开放的总方针，开启了改革开放和社会主义现代化建设历史新时期。教育工作拨乱反正，重新整顿。党的十二大明确提出了把发展教育事业作为战略重点之一，党的十三大又进一步提高了教育事业的地位，从而开创了教育发展的新局面。1984 年 3 月，教育部党组下达的有关文件，去掉了"分工"二字④，但实际上学校还是"分工负责制"的概念，它及时地把学校从"文化大革命"造成的动乱中解放出来，恢复了学校的基本秩序。

　　2. 校长负责制的重新确立和全面推行

　　1980 年 8 月，邓小平同志在中央政治局扩大会议上的讲话中提出，

---

①《中国教育年鉴》编辑部. 中国教育年鉴（1949—1981）[M].北京：中国大百科全书出版社，1984：46-50.

②《中国教育年鉴》编辑部. 中国教育年鉴（1949—1981）[M].北京：中国大百科全书出版社，1984：51.

③ 刘英杰. 中国教育大事典（1949—1990）（上）[M].杭州：浙江教育出版社，1993：11.

④ 高丽芳，常旭. 我国中小学领导体制的发展与推进[J].现代教育管理，2014，（03）：34.

考虑有准备有步骤地改革党委领导下的校长、院长、所长负责制。1984年，部分学校开始了校长负责制的试点。

为了使各级各类教育事业得到更快更好的发展，改革不合理的教育体制，1985年5月，中共中央发布《关于教育体制改革的决定》（以下简称《决定》），明确规定了新的历史时期学校的领导体制，这就是"逐步实行校长负责制，有条件的学校要设立由校长主持的、人数不多的、有威信的校务委员会，作为审议机构。要建立和健全以教师为主体的教职工代表大会制度，加强民主管理和民主监督"①。当然，在新的历史时期，学校工作仍然要加强党的领导。对此，《决定》明确指出，实行校长负责制以后，学校党组织要"把自己的精力集中到加强党的建设和加强思想政治工作上来，要团结广大师生，大力支持校长履行职权，保证和监督党的各项方针政策的落实和国家教育计划的实现"②。可见，校长负责制是在组织制度上具有保证和制约条件的、适合我国国情的一种领导体制，确定中小学实行校长负责制是新中国成立以来学校领导体制变革历史的经验总结。

中共中央、国务院1993年2月13日发布的《中国教育改革和发展纲要》又明确指出"中等及中等以下各类学校实行校长负责制"③。1995年实施的《中华人民共和国教育法》第三十条明确规定，学校的教学及其他行政管理，由校长负责。2003年，人事部、教育部关于印发《关于深化中小学人事制度改革的实施意见》的通知指出，进一步完善校长负责制。④实行校长负责制的中小学，校长全面负责学校工作，并充分发挥基层党组织的政治核心作用。校长必须正确贯彻执行党和国家的教育方

---

① 中共中央关于教育体制改革的决定［EB/OL］.（1985-05-27）［2022-05-26］.http：//www.moe.gov.cn/jyb_sjzl/moe_177/tnull_2482.html.

② 中共中央关于教育体制改革的决定［EB/OL］.（1985-05-27）［2022-05-26］.http：//www.moe.gov.cn/jyb_sjzl/moe_177/tnull_2482.html.

③ 中国教育改革和发展纲要［EB/OL］.（1993-02-13）［2022-05-26］.http：//www.moe.gov.cn/jyb_sjzl/moe_177/tnull_2484.html.

④ 张新平.为世界贡献中国经验：中国共产党对基础教育的百年领导［J］.中小学管理，2021，（06）：11.

针政策，坚持社会主义办学方向，积极实施素质教育，依法管理。自此，校长负责制在全国范围内全面推行，并收到了良好成效。

校长负责制在当时的社会环境下曾发挥了积极的作用，如提高了办学自主权，有助于校本管理。然而，校长负责制在实施过程中出现了自身无法克服的弊端，如校长权力过大、缺乏有效的监督和制衡等。

（四）中国特色社会主义新时代：公平质量期

党的十八大以来，习近平总书记关于教育的重要论述突出了党在新时代对教育事业全面领导的重要性。教育在我国社会主义现代化建设中起着基础性、全面性、先导性的作用。为保证"两个一百年"奋斗目标的实现，必须加强党对教育事业的全面领导。新时代党组织领导的中小学校长负责制是党领导教育事业过程中逐渐形成的。

2016 年，中央组织部、教育部党组印发《关于加强中小学校党的建设工作的意见》，提出保证"党组织在重大事项决策中的地位"。在习近平新时代中国特色社会主义思想的指导下，中小学领导体制得到深化改革。

2017 年，中共中央办公厅、国务院办公厅颁布《关于深化教育体制机制改革的意见》，指出要全面加强党对教育工作的领导，坚持党管办学方向、党管改革，充分发挥党委总揽全局、协调各方的领导核心作用，健全党委统一领导、党政齐抓共管、部门各负其责的教育领导体制。[①]

2018 年 7 月，习近平总书记在全国组织工作会议上指出，中小学校党组织领导的校长负责制还没有建立起来。[②]同年 9 月的全国教育大会上，习近平总书记再次作出重要指示。随后，北京、浙江、天津、上海等地及时跟进和精准对标中央政策精神，相继启动了相关试点工作。

2019 年，中共中央、国务院印发《中国教育现代化 2035》，强调加

---

① 中共中央办公厅、国务院办公厅印发《关于深化教育体制机制改革的意见》［EB/OL］.（2017－09－24）［2022－05－26］.http：//www.gov.cn/xinwen/2017/09/24/content_5227267.htm.
② 习近平在全国组织工作会议上的讲话［EB/OL］.（2018－07－03）［2022－06－01］.http：//www.12371.cn/2018/09/17/ARTI1537150840597467.shtml.

强党对教育工作的全面领导，建立健全党委统一领导、党政齐抓共管、部门各负其责的教育领导体制。

2022年1月，中共中央办公厅印发《关于建立中小学校党组织领导的校长负责制的意见（试行）》，并发出通知。通知指出，建立中小学校党组织领导的校长负责制，是坚持为党育人、为国育才，保证党的教育方针和党中央决策部署在中小学校得到贯彻落实的必然要求。[①] 各地区各有关部门要认真贯彻落实意见精神，加强组织领导和工作指导，切实把这项工作抓紧抓好。要在深入总结试点工作基础上，健全发挥中小学校党组织领导作用的体制机制，确保党组织履行好把方向、管大局、作决策、抓班子、带队伍、保落实的领导职责。要把党建工作作为办学治校的重要内容，发挥基层党组织作用，加强党员队伍建设，使基层党组织成为学校教书育人的坚强战斗堡垒。

二、党组织领导的中小学管理机构建设

从概念来说，中小学校党组织领导的校长负责制，是学校党组织对学校工作实行全面领导，履行管党治党、办学治校的主体责任和校长在学校党组织领导下依法治校的有机统一的学校领导体制，是中小学校坚持社会主义办学方向、贯彻党的教育方针、落实立德树人根本任务的重要保证。基于概念界定，准确把握这一体制的具体内涵，需要探索在中小学校建立党组织发挥领导作用的组织体系、制度体系和工作机制，为持续深化基础教育综合改革提供职责明确、协调顺畅、运转高效、作用到位的领导体制和运行机制，进而为办好人民满意教育、培养担当民族复兴大任的时代新人提供坚强的政治保障、组织保障和制度保障。

---

① 中共中央办公厅印发《关于建立中小学校党组织领导的校长负责制的意见（试行）》[EB/OL]．（2022-01-26）[2022-06-02]．http://www.moe.gov.cn/jyb_xwfb/s6052/moe_838/202201/t20220126_596515.html.

（一）党组织领导的组织体系

建立党组织领导的校长负责制，要推动中小学校党组织全面覆盖和有效覆盖，确保党组织在所有中小学校应建尽建。[①]党组织领导的校长负责制，首先要构建好党组织发挥领导作用的组织体系，规范组织设置，优化班子配备，其中主要包括领导干部组织架构和干部队伍建设。

1. 领导干部组织架构

领导干部组织架构包括明确学校党组织委员会的领导地位、学校党支部机构设置以及学校党组织建制要求。按照办学治校与管党治党相适应要求、把党组织建在教书育人一线原则，优化学校党组织的职能机构。

（1）明确学校党组织委员会的领导地位

组织体系建构以组织结构规范、调整为重点任务，明确学校一级党组织领导地位、书记和校长工作职责。学校党组织按照"把方向、管大局、作决策、抓班子、带队伍、保落实"18字总要求，全面领导学校工作。[②]学校基层党组织，即学校党组织委员会（包括学校党委、党总支、党支部）是学校的领导机构，凡是涉及党的路线方针政策的大事、事关学校发展的重大问题和影响师生员工利益的重大决策，都必须按照民主集中制原则，由党组织集体讨论决定。

党组织领导的校长负责制中的校长职责，可以从两个方面去把握。一方面，校长在党组织领导下依法独立负责行使管理职权。校长要对党组织负责，全面贯彻党的教育方针，组织实施集体讨论决定的重大事项，切实把党组织决策部署落到实处；要全面负责教育教学和行政管理工作，独立负责行使管理权力，依法依规（包括学校章程）对校务及事关教职工利益的重大问题作出决定并付诸实施，或形成议案提交党组织研究决策。另一方面，校长是行政事务的最终决策者，运用行政权力推进工作。

---

① 田中宝，梁恒亮，李方斌.落实中小学校党组织领导的校长负责制［J］.江西教育，2022，（10）：32-34.

② 中共中央办公厅印发《关于建立中小学校党组织领导的校长负责制的意见（试行）》［EB/OL］.（2022-01-26）［2022-05-26］.http：//www.moe.gov.cn/jyb_xwfb/s6052/moe_838/202201/t20220126_596515.html.

学校行政系统与机关及其他事业单位一样，具有科层制属性，实行首长负责制。校长拥有最大的行政权力，必须对决策结果负责。这也是校长和党组织委员会在决策方式上的显著区别。

此外，还要明确党组织全面领导与校长负责是相互依存、不可分割的有机整体。党组织领导的校长负责制，虽然对全国大多数中小学是个新事物，但在高校已经全面实行，是高校治理体系中的根本制度。从高校的实践来看，党组织领导与校长负责是相互依存、不可分割的有机整体，从制度上规范学校党委与行政的关系，规定党委领导权力和校长行政权力的运行边界和实现形式，既保证党委对学校工作的统一领导，坚持正确的办学方向，又支持校长依法独立负责地行使职权，落实教学科研工作的中心地位，保证党委决策落到实处并取得成效。与高校党委领导的校长负责制实质上一致，中小学校实行党组织领导的校长负责制，核心是党组织领导，关键在校长负责，根本出发点和落脚点是要形成党政合力。为此，学校必须高度重视制度的规约和保障作用，大力加强制度建设，努力建立健全党政分工合作、协调运行的工作机制，切实做到日常工作定期沟通、重要决策事先沟通、紧急事项及时沟通，办好让人民满意的学校，培养好德智体美劳全面发展的社会主义事业建设者和接班人。

（2）明确学校党支部机构设置

在推行党组织领导的校长负责制过程中，按照办学治校与管党治党相应要求健全严密组织体系。作为学校治理改革的重要工作，党组织领导的校长负责制试点强调党组织领导力的提升和责任传导。这需要对学校党组织的内设机构以及各层级的责任清单进行改革与完善，规范设置党委、党总支或党支部，按照"支部建在连上"原则，坚持把党组织建在教书育人一线，形成"党委—党总支或党支部—党小组"组织架构。[①]设立学校党委，由党性强、懂教育、会管理、有威信、善于做思想政治

---

① 李奕. 中小学校党组织领导的校长负责制的理论思考与实践探索［J］. 中国教育学刊，2021，（06）：20-25.

工作的优秀党员干部担任党委委员，依据党内职务及业务分管工作明确党委会成员的工作职责。

同时，结合集团化办学、集群办学和联合总校办学等一校多址设置特点，创新学校二级及以下党组织设置，充分发挥基层党支部战斗堡垒作用。学校党委内设党支部，党支部下设党小组，围绕质量提升中心任务，全面领导年级的教育教学工作。通过党组织结构的完善，充分发挥党组织在学校各项工作中把方向、管大局、作决策、抓班子、带队伍、保落实的作用。

（3）明确学校党组织建制要求

按照基层党组织建制要求，实现各级党组织应建必建的规范设置。按照办学治校与管党治党相适应原则，完善学校校区、职能机构和教育教学单位设置。明确工作职责，健全学校教育领导体制。结合改革精神和学校实际，完善体制机制建设，形成党政合力，建立健全党委统一领导、党政齐抓共管、部门各负其责的教育领导体制。

学校各级党组织要积极发挥领导作用，细化权责清单，厘清权责边界。要明确党组织发挥领导作用的具体职责、党组织书记主持学校党组织全面工作的权责，以及校长全面负责教育教学和行政管理工作的具体权责；要明确党组织抓意识形态、德育和思想政治工作的具体职责，压实党组织落实意识形态主体责任和党员领导干部具体责任。切实发挥政治功能，激发工作活力，提高育人质量，形成党组织改革的生动实践。

2. 干部队伍建设

干部队伍包括适应党组织领导的校长负责制实践要求的领导班子和中层干部队伍。干部队伍建设以队伍完善、建强为重点任务，按照与党组织发挥领导作用相适应的原则选优配强学校领导班子。

（1）领导班子建设

上级党组织要把党性强、懂教育、会管理、有威信的党员校级领导人员选拔进学校党组织班子；按照党性观念强、专业素质强的"双强型"标准选拔党员干部任基层党支部书记。要求学校党组织书记做思想政治工作；要求校长政治过硬、品德高尚、业务精湛、治校有方；学校重要部门的负责人要逐步实现由党员担任，学校主要干部一般应有党务工作经历。

校级党组织书记、校长（副书记）人选，应符合中组部、教育部印发的《中小学校领导人员管理暂行办法》规定的任职条件和资格，一般应当具有一定年限的教育教学工作经历，且具有相应的教师资格和已担任中小学校一级教师以上专业技术职务等。其中，党组织书记一般应当具有教育系统党务和行政岗位工作经历，校长一般应当具有五年以上教育教学工作经历，高级中学校长应具有中小学校高级教师以上专业技术职称。

（2）中层干部队伍建设

学校党政办、人事、德育、团少等部门负责人要逐步实现由党员担任，不断加强中层干部的选育用管。党组织要严格按照干部选拔和任用的管理权限，严格遵守规定程序，严格按照标准条件，认真履行领导职责，把好干部"入口"，精准、科学地把优秀人才选拔出来。要做好学校领导班子的任用、管理、培训、考核、激励等工作，加强思想政治建设和干部作风建设，不断提升干部素养和工作本领，促进学校领导干部队伍健康成长。

为全面提升党组织及行政组织建设水平，增强干部领导水平，培养学校骨干，以及完善干部培养机制，中小学校党组织和行政组织应建立健全"三培养"机制，把优秀教师培养成党员，把党员教师培养成教学骨干，把优秀教学骨干培养成管理骨干，完善统一培养"教学骨干—行政骨干—党组织骨干"的干部培养制度。按照"副校长—副书记—校长—书记"的选拔培养路径，建立"教育局党委—校党委—学科党支部"三级联动组织体系，打造一支思想政治可靠、师德师风过硬、能力素质精良、模范作用明显的党员教师队伍。[①]

---

① 顾秀林，张新平.党组织领导的中小学校长负责制：历史沿革、时代价值与实践路径［J］.中国教育学刊，2021，（05）：19.

（二）党组织领导的制度体系

党组织领导的中小学校长负责制，是现代学校制度的"中国方案"，以党的领导为特色，形成党组织干部、校行政领导、专家、教师、家长、学生、社会其他相关人员多元对话、协商共治的现代学校治理体系。[①] 这一制度突出党组织在现代学校治理体系中的主心骨作用，增强现代学校治理的系统性、整体性、协同性。党组织领导的校长负责制，要以健全的制度体系为保障。党组织发挥领导作用的制度体系主要包括党组织领导的校长负责制的校内基本制度、重要制度和其他制度。

首先是完善学校的基本制度，修订学校章程。在章程"组织机构和党的建设"部分增加条目，明确党组织的全面领导地位、设置形式、职责权限、工作方式和党务工作机构、人员配备、经费保障等。[②]

学校党组织根据与新的领导体制相适应要求，对学校章程中党组织和校长的责任界限进行重新厘定，对需要配套调整的具体条款进行修改，明确党组织的全面领导地位、设置形式、职责权限、工作方式和党务工作机构、人员配备、经费保障等，明确校长在教育教学和行政管理等工作上的负责人地位。

其次是制定学校的重要制度。包括党组织领导职责、书记工作职责、校长工作职责，党组织抓意识形态、德育、思想政治工作职责，以及党组织委员会、校长办公会（行政会）议事规则。[③]

学校党组织对党组织发挥领导作用的具体制度进行重新系统设计，从把方向、管大局、作决策、抓班子、带队伍、保落实方面，调整和完善学校党组织抓意识形态、思想政治、德育、人才、干部、统一战线等的工作制度，从抓教学、教研、管理等方面确定校长的工作任务，理顺

---

① 李奕.中小学校党组织领导的校长负责制的理论思考与实践探索［J］.中国教育学刊，2021，（06）：23.

② 以高质量党建引领基础教育高质量发展——北京市中小学校党组织领导的校长负责制探索与实践［J］.北京教育（普教版），2022，（03）：7.

③ 王鸿杰.基于新领导体制的中小学校党组织书记的使命担当［J］.北京教育学院学报，2022，36（01）：2.

党组织领导、分工负责、互相配合的工作机制，制定校级党组织领导的议事决策制度，完善校级党组织会议、校长办公会（行政会）、党政联席会等议事规则，明晰决策内容、程序和要求，确保重大事项经过校级党组织会议研究决定。

最后还要依据工作方案要求，修正、完善学校其他内部规章制度，保证与新领导体制的一致性。[①]

三、党组织领导的中小学管理机构的运行机制

党组织领导的校长负责制，关键是把党组织发挥领导作用的工作机制理顺，包括党组织履行把方向、管大局、作决策、抓班子、带队伍、保落实的领导职责的各项具体机制。

（一）立德树人工作机制

为确保发挥党组织"把方向、管大局"的领导作用，以建强和完善"三全育人"工作机制为重点，不断强化党组织领导的意识形态工作机制、党组织领导的德育工作机制、党组织领导的思想政治工作机制、党组织领导的群团社团和家校社协同育人工作机制等。

一方面，以党建带"三风"（校风、教风、学风）建设，提升教育教学管理水平。要充分发挥党组织战斗堡垒作用和党员先锋模范作用，不断加强党员政治素养提升、教职员工师德师风建设和学生价值观教育等工作的有效结合；要充分利用好课堂教学的主阵地作用，将党的基本知识、理想信念渗透到思想道德建设的课堂上，把立德树人贯穿办学始终，实现育人与成才有机结合。另一方面，以党建带群团建设，凝聚群团组织力量促进学校发展。要将群团建设作为学校党建的重要工作之一，充分依靠并利用群团组织积极开展各种宣传教育活动，在群团组织中要充分树立党员教师的正气，让他们成为学校教育教学和常规管理的中坚力

---

① 以高质量党建引领基础教育高质量发展——北京市中小学校党组织领导的校长负责制探索与实践［J］.北京教育（普教版），2022，（03）：7.

量，要让党员教师冲在前、干在前，充分发扬"一个党员一面旗帜"的先锋模范和示范引领作用，不断提升党组织在群团组织中的号召力和影响力。

（二）决策落实工作机制

为确保发挥党组织"作决策、保落实"的领导作用，要着力健全完善议事决策机制、沟通协调机制。[①]要建立完善党组织会议议事决策规则，坚持民主集中制原则，对议题提出、会议研究、集体决定、争议处置等环节作出明确规定。要建立学校重大事项清单确立制度，明确需提交党组织会议研究决定的学校重大问题和重要事项等具体内容，防范杜绝议事决策中的"集体沉默""逃票现象"和"冒险迁移"，确保科学决策、民主决策、依法决策。要通过个别沟通、民主协商、集体酝酿等多种形式，实现党组织书记、校长等领导班子成员互通情况、形成共识。

在党组织领导的校长负责制的学校内部管理运行中，需要遵循"集体领导，集体决策，分管负责，执行担责"的原则。党组织书记和校长都是学校领导班子成员，都要服从集体领导。首先，在学校内部管理中，党组织书记是党组织领导的负责人，要肩负起抓党建工作第一责任人职责。特别是在学校重大决策前要充分听取校长的意见，不能将个人意见作为党组织集体意见，统一认识后必须要支持与帮助校长开展工作，要为校长的执行创造有利条件并积极协助，保证校长对学校的行政管理工作全面负责，并督促校长履行职责、发挥作用。其次，学校校长作为学校行政"一把手"和党组织主要成员之一，既是重大事项决策的参与者，也是党组织集体领导下重大决策的执行者，因此绝不能擅自决定未经党组织集体研究批准的学校重大事项，特别是涉及学校发展规划、项目建设、制度修订、干部任用、教育科研、经费管理等关系到学校发展和师生利益等的重大问题，必须通过集体研究讨论，决定同意后才能予以实施。因此，各校要完善学校内部管理运行相关机制，建立完善党组织会

---

① 李奕.中小学校党组织领导的校长负责制的理论思考与实践探索［J］.中国教育学刊，2021，（06）：23.

议、校长办公会、校务会、教代会等会议议事机制，无论是涉及党内重大事项，还是行政内部重大事项，都应由相关责任人提出方案，并在会前加强沟通协商。特别是党组织书记和校长要提前沟通，形成一致意见后提交党组织会议进行沟通讨论，由党组织集体研究决定，再交由相关分管领导执行落实并承担分管责任。这样，学校党政才不会各哼各曲、各唱各调、相互推诿，才能确保党组织领导的校长负责制顺利、协调、高效运行。

（三）党管干部、党管人才工作机制

为确保发挥党组织"抓班子、带队伍"的领导作用，要着力健全和完善党管干部、党管人才的工作机制。中小学校党组织书记要带领党组织坚持党管干部原则，负责干部的选拔、教育、培养、考核和监督，按照学校规定任免中层干部，依据有关程序推荐校级领导干部和后备干部人选，打造干部队伍人才"摇篮"，并在选人、用人中充分发挥主导作用。同时，学校党组织也应当坚持党管人才的原则，讨论决定学校人才工作政策措施，统筹推进学校各类人才队伍建设。

要严格执行民主集中制，深化理论学习，强化思想武装，优化班子结构，增强整体功能，保持班子稳定，努力把学校领导班子锻造成为忠实践行习近平新时代中国特色社会主义思想、坚定贯彻落实党中央决策和上级部署的坚强领导集体。要健全完善源头培养、跟踪培养、全程培养的学校干部素质培养体系，突出政治素质，加强学校干部队伍特别是后备干部的思想淬炼、政治历练、实践锻炼、专业训练，把思想理论武装、理想信念教育、知识结构改善、能力素质提升贯穿学校干部成长全过程。要创新实施更为积极、更为开放、更为有效的人才工作策略，健全教师等人才的培养、招聘、使用、管理、服务和职称评审、奖惩等相关工作的机制，大力弘扬、积极营造潜心教书、静心育人、激发教育教学创造活力的学校人才发展环境。

（四）党的建设工作机制

为确保学校党建工作的引领作用，要以完善党的建设工作机制为重点。建立健全党组织统一领导、党政分工合作、协调运行的工作机制。在重大事项决策前，党组织书记与校长以及有关校领导班子成员要个别酝酿、充分沟通，完善党政组织领导人磋商沟通机制，建立党组织书记与校长常态沟通机制，每周至少磋商学校工作一次，校长代表行政班子定期向党委述职，并充分听取班子成员的意见，充分调动教职工及群众组织的参与积极性，发扬民主精神。

四、党组织领导的中小学管理的北京探索

全面贯彻党的教育方针，坚持首善标准深化改革是北京市基础教育的优良传统。2018 年全国组织工作会议和全国教育大会召开后，北京市及时跟进、精准对标中央政策精神，启动了中小学校党组织领导的校长负责制试点工作。五年多来，先后通过局部试点和全面试点两个阶段的探索，并且在试点工作中同时开展试点运行课题研究，边试点、边研究、边深化，拓宽思路、创新方法、破解难题，探索形成了中小学校党组织领导的校长负责制的北京经验。[1]

试点工作除了形成上述有关"组织体系、制度体系、工作机制"（即"两体系一机制"）构建中的共性经验之外，结合试点区教育特征和改革实际，针对当前多样化办学和干部设置特点，充分激发调动试点学校的积极性，尊重基层党组织的主体地位、首创精神，围绕学校干部选任管理、内设党支部管理和党组织领导德育和思想政治工作等重要任务，形成了确保各类型学校党组织发挥领导作用的个性化策略。这些个性化策略包括教育集团化学校试点策略、跨区域办学的学校试点策略、党政"一肩挑"学校试点策略、党政分设学校试点策略、学校内设党支部管理

---

[1] 以高质量党建引领基础教育高质量发展——北京市中小学校党组织领导的校长负责制探索与实践［J］.北京教育（普教版），2022，（03）：5.

策略、党组织领导德育和思想政治工作实践策略和试点学校干部选拔任用管理策略。在个性化策略的带动下，相应的党组织领导的个性化管理机制应运而生。

（一）教育集团化管理运行机制

作为北京市"中小学校党组织领导的校长负责制"试点区，东城区确定了 5 所市级试点校和 5 所区级试点校，坚持系统研究与实践推进同向发力、体制创新与机制完善同步推进、把关定向与办学治校同频共振的原则，重点围绕"教育集团化学校试点策略"进行顶层设计和实践探索，全面落实中小学校党组织"把方向、管大局、作决策、抓班子、带队伍、保落实"的领导职责。[①]

1. 突出重点，改革领导体制

以北京市东城区试点校为例，改革中小学校领导体制，全面提升党组织的功能是本次试点的重点。东城区委教育工委进一步规范组织设置，探索在教育集团和党员百人以上的单位成立党委，出台了《党的基层委员会成立工作方案》，新建了一批党委、党总支，率先在史家教育集团和北京五中教育集团两个改革试点集团成立了党委。制定了《教育集团党委管理办法》，厘清了教育集团化学校党委的职责权限，发挥了党委的领导作用，确立了党委在学校的领导地位，围绕"把方向、管大局"，进一步细化了集团党委的领导职责。

教育集团在集团党委领导下，坚持和完善党组织领导的校长负责制，把握好学校的思想方向、政策方向和行动方向。立足教育"国之大计、党之大计"的大局，研制实施教育集团中长期发展规划，深化综合改革，坚持依法治校，推动教育集团可持续发展、内涵式发展，努力提升教育集团治理体系和治理能力现代化。

2. 突破难点，健全运行机制

东城区委教育工委围绕切实发挥教育集团化学校党委的战斗堡垒作

---

① 中小学校党组织领导的校长负责制在教育集团化学校的试点实践与成效［J］.北京教育（普教版），2022，（03）：9.

用，出台了一系列完善教育集团党委运行机制的制度。修订议事规则，对党委会决策事项、议事规则以及与校长办公会（行政会）的关系作出明确规定，强调凡属重大问题都要按照集体领导、民主集中、个别酝酿、会议决定的原则，由党组织会议集体讨论作出决定；校长在集团党委领导下，依法依规行使职权，按照集团党委有关决议，全面负责学校的教育教学和行政管理等工作。完善"三全育人"机制，探索完善党全面领导意识形态工作机制、学生德育工作机制、教师思政工作机制，创新工作方法，提高育人水平。

教育集团党委以提升组织力为重点，规范建设内设支部，把党支部建在年级组、学科组等教书育人一线，选拔"双强型"教师任支部书记，合理调整党支部设置方式和活动形式，把支部建设与教育教学中心工作有机结合，强化党支部的队伍、阵地和制度建设，把党对教育事业的领导落到教书育人第一线，有效缓解了党建和业务"两张皮"的问题，充分发挥了基层党组织战斗堡垒作用和党员先锋模范作用。同时，教育集团党委探索设立党建中心（党办）、德育和思政中心，由集团党委委员担任中心负责人，保证党委领导有依托、有抓手。

3.找准焦点，完善人才梯队

干部与人才问题是把党的领导贯穿办学治校、教书育人全过程，实现党对教育事业全面领导的焦点问题。东城区委教育工委始终坚持党管人才原则，抓好后继有人、后继"优"人这个根本大计，积极推进"集贤"计划，多点支撑、多头并进，努力构建人才分层培养格局，高水平建设基础教育人才高地。制定《东城区教育系统队伍建设质量提升三年行动计划》，实施"五大工程"，推进"五大计划"，建设一支适应改革、与核心区教育相匹配的人才队伍。制定《关于构建教育系统人才分层培养格局"压茬"推进干部队伍建设的改革方案》，探索建立领军人才、重点人才、基础人才分层精准培养体系，为推进改革建立合理的人才梯队。制定《东城区教育系统"青年成长营"实施方案》，在区校两级发现、培养和储备一批有潜质的优秀年轻干部，通过三年系统培训，着力提升政治理论素养和专业实践能力，为持续深化改革提供人才保障。

在此基础上，针对教育集团化学校的特点，结合试点要求和队伍需求实际，进一步加大了书记的配备力度。两个试点集团的党委书记和总校长都是"一肩挑"，在集团成员校党组织书记的配备上，坚持选优配强，选用了一批党性强、懂教育、会管理、有威信、善于做思想政治工作的书记。集团党委重视内设党支部书记的选配，安排一批讲党性、业务强的优秀党员教师任年级（学科）组长兼支部书记，并强化组长、支部书记的"一岗双责"，抓好内设党支部的规范化建设，形成了解决基层党建"最后一百米"问题的有益探索，在推动基层党组织全面进步、全面过硬的同时，也锻炼了基层干部和党员队伍。

教育集团化管理运行机制聚焦建立集团党委统一领导教育集团工作、集团党委设置与校区党组织设置形式的关键问题，结合教育集团各学校管理文化、党建特色，以组织体系为统领，明确集团党委和下属学校职责，从领导配备和议事决策流程入手，进行组织框架的调整完善，突出和强化集团党委全面领导集团教育工作的职责地位，同时注重发挥下属学校办学治校的主体性、积极性。

（二）跨区域办学管理运行机制

北京市通州区作为首批试点区之一，试点运行党组织领导的校长负责制，并承担了"跨区域办学学校试点运行策略研究"的研究课题。针对跨区域办学中的学校管理、党组织建设、教师队伍建设等方面开展研究，对照党组织领导的校长负责制"3+1+5"的运行机制，着重解决跨区域办学中的沟通协调机制、共建共享机制、管理监督机制、教师专业发展等关键问题，逐步形成了以下经验和策略。[①]

1.依据学校特点，建立多层次沟通协商机制

这是跨区域办学学校落实党组织领导的校长负责制的机制保障。党政"一肩挑"跨区域学校首先应建立集团党委和属地党组织的沟通协商机制。例如，北京理工大学附属中学通州校区形成属地党委管理为主，

---

① 跨区域办学学校试点运行党组织领导的校长负责制的策略［J］.北京教育（普教版），
2022，（03）：15–17.

遵守集团党委统一要求，积极参与集团党委活动的沟通机制，即按区教育工委党务工作安排，规范支部建设，完成相应工作，学校党总支书记、校长参与集团的行政办公会；与本部党委的集团化工作部署保持一致，通州校区积极参与集团内重要活动，今后还将列席集团党委会；在集团党委会和行政办公会议事规则中明确跨区域集团校议事内容。属地党委管理补齐了集团管理地域相隔远、议事周期长的短板，而集团党委管理缩小了集团校间的差距，使优质资源在集团校内流动起来。

党政分设的跨区域学校则应建立全过程沟通协商机制。沟通主体包括书记与校长的沟通、党政正职与副职的沟通、支委之间的沟通、领导班子成员中党内与党外同志的沟通等。沟通内容包括本部管理经验借鉴沟通、日常工作开展与重要信息经常沟通、重要问题与重要事项决策前充分沟通、重大活动与紧急事项及时沟通、重点工作及重要决策事项执行要协同推进。沟通形式包括重要议题党政正职会前沟通，党政领导班子联席务虚会、党总支委员会议和校长办公会议前的沟通，党政主要领导定期谈心，党政联席日常工作汇报以及紧急事项及时沟通。

2. 建立共融共生、共享共建机制

首先，在共融共生中生成属地校文化，形成内循环，激发学校发展的内驱力。例如，北京市第五中学通州校区"精彩党建"和"精致教育"实现内部党政融合；中国人民大学附属中学通州校区基于属地校在长期的共融中生成独特的"爱与尊重"文化理念，努力寻求学校和师生共同的发展空间，探索特色发展道路。其次，在共享共建中基于属地校的需求用好集团校的优势，做好外循环。在文化理念、培养目标、办学标准、管理模式、教育教学等方面基于属地校需求，共享共建。具体策略有：共同创建党建品牌、党政融合共同商议学校发展、共同组织学校活动和党员活动、共同培养干部教师、建立学生留学机制等，共享优质教育资源。

3. 完善内控监督机制，发挥保障监督评价作用

发挥教代会的民主监督职能，特别是涉及学校发展、教师利益的重大问题，要反复通过教代会征求群众意见和建议。以北京理工大学附

属中学通州校区绩效工资改革为例，结合校本部工资方案，各部门联动，摸查教师工作量，再根据下拨资金额度，测算金额，制定方案，然后再征集意见、修改，教代会投票后，再调整、再审议，最终通过率达到98%。此外，发挥教师、学生、家长的监督评价作用，通过网上评价，用大数据的形式清晰展示各项评价结果，让教职工明确自己的优势与短板，在工作中不断优化、提效，同时将评价作为各项评优评先的参考依据。

4.融合党组织建设与教师培养，完善人才引进培育机制

以中国人民大学附属中学通州校区贯彻党管人才原则为例，学校一方面借助人大附中联合总校的管理经验，培育资源，另一方面强化党总支、党支部、党小组贯通领导，完善人才引进培育机制。学校党总支的支委担任分支书记，分支支委担任党小组组长，实现了党总支、党支部、党小组的贯通领导。在学校的组织体系管理方面，健全党总支对团委、工会、少先队、群众领导的同时，加强党对行政、年级组、教研组（备课组）、学生的政治领导、组织领导和思想领导，总结创新出"党政组教学"的管理模式，把党的领导落实到学校管理的各个层面和环节。强化基层党组织政治功能和组织力，形成从党组织到年级组、教研组、备课组等统一领导、坚强有力的严密体系，将人才培养措施层层落实。学校采取年级组长负责制，实行扁平化管理，有利于人才培养决策部署的快速落地。

总之，中小学校党组织领导的校长负责制的落地为跨区域办学学校破解学校管理、党组织建设、教师队伍建设、学生培养等方面的难题提供了契机。跨区域办学学校要不断探索新情况、研究新问题、发现新典型、总结新经验，确保中小学校党组织领导的校长负责制在工作中落到实处。

在跨区域办学管理运行机制中，聚焦学校所属本部和所在本区两个方面形成办学合力中存在的问题，建立"本区"与"本部"沟通协商机制，明确学校党组织发挥领导作用的职责地位，同时积极调动和激发所属本部委派校长依法治校的主动作用，与所属本部增进互信共识，协同

高质量发展。

（三）党政"一肩挑"管理运行机制

党政"一肩挑"是一种治理结构，在学校实施中对突出党组织的战斗堡垒作用、围绕中心抓党建、直接参与重大问题的决策、解决党建和教育教学"两张皮"发挥了重要作用。但是，对这种治理结构的研究多集中在党政机关、企事业单位，而学校在这方面研究较少。首都师范大学附属小学实施党政"一肩挑"以来，党组织在引领学校优质发展中发挥了积极作用。

1. 领导决策，优化内部治理结构

《首都师范大学附属小学章程》突出了党组织的领导核心地位，规定了"学校最高领导机构为党总支"，明确了"党总支的战斗堡垒作用，全面负责学校贯彻党的路线方针政策、发挥党员先锋模范作用、开展学习教育常态化、推进学校中心工作……"，体现了党领导一切，提升了学校综合治理水平。

党建文化完善了学校的办学理念。首都师范大学附属小学的党建文化和学校办学理念、管理理念融为一体。2008年，首都师范大学附属小学提出"童心教育"办学理念，确立以关爱童心、尊重童真、激发童趣为办学目标。2015年，在深入落实党的教育方针的基础上，首都师范大学附属小学梳理出"同心党建"文化，即政治上同向，同社会主义方向；实践上同力，党内外同心协力；价值上同进，党支部与学校教育共同进步，明确了党组织领导学校教育的关系。2019年，首都师范大学附属小学深入落实"党组织全方位领导学校的教育教学"，提出"同心管理"理念，将"同心党建"和"童心教育"完美结合，让党组织领导下的童心教育焕发新的活力。

党建引领优化了集团内部治理结构。实施集团一体化管理的两所学校由党总支统一领导，探索出了"低重心、扁平化"管理模式：在组织架构上，重新定位内部机构的设立与权责关系，减少纵向管理层；在组织变革上探索"学段＋学科负责制"的管理模式，强化学科负责制、学段块状组织、多元主体治理，和各级党组织有机结合，优化了内部治理，突出了党的领导。

2. 党政合力，落实党管意识形态

意识形态工作是党的一项极端重要的工作。小学是学生形成意识形态的起始阶段，首都师范大学附属小学党组织一方面将意识形态工作和课堂、课程、活动结合，融入日常教育；另一方面将意识形态工作和师德、师风、队伍建设相结合，让教师成为习近平新时代中国特色社会主义思想的传播者和践行者。在党管思政工作方面，首都师范大学附属小学深入贯彻落实习近平总书记关于思政课建设的重要论述，对思政工作进行调整。学校建立机制，党总支和支部统一领导，各校区德育、教学干部参与共管，开展九年一贯研究；完善队伍，继续以专职教师、书记、德育干部为主，班主任兼职为辅；深化教研，研读课标，课例为主，知行合一；党政合力，将思政教师列入党员培养计划，创新思政课的教育模式，营造思政教育健康生态。在党管课程建设方面，首都师范大学附属小学课程围绕"立德树人"总目标，进行九年一贯课程体系的建设，将社会主义核心价值观贯穿于童心课程，为培养德智体美劳全面发展的人服务。同时完善学校培养目标，培养具有爱国品行、创新能力、率真性情和强健身心，为实现崇高价值追求而努力学习的人。

3. 重视师德，完善人才培养制度

在师德建设方面，首都师范大学附属小学党支部每年指导主管部门开展"师德问卷""我喜欢的好老师""家长满意度"等网上调查，由学生或家长填写。针对数据进行定性分析，找准问题，指导师德建设，对问题集中的部门或教师进行跟进式指导。在人才培养方面，党组织依据党管干部、党管人才原则，推进"双培养"。学校执行"三把尺子"制度，即用"管理尺"明确党员干部标准，从政治素质、业务能力、执行能力等方面进行指导；用"专业尺"提升党员教师专业素养，使其成为课堂改革和课程建设的先锋；用"绩效尺"引导教师树立新目标，向"四有"好教师标准看齐。

4. 自我监督，多方协同开展合作

党组织的监督保障机制让自我监督得以实现。一是成立校内"接诉即办"领导小组。学校公布了书记电话，设置了"校长信箱"，随时接受教师、家长、学生的意见建议。2020 年校内"接诉即办"启动后，受理了 7 起校内投诉，党组织跟进每一起事件的处理，力求家长满意，避免矛盾升级。二是教代会监督学校"三重一大"。党组织严格落实"三重一大"制度，按照程序进行民主集中，重大事项报教代会审核通过。每年期末，学校办公经费、党建经费、财务年度预算的使用和进度都会依法公开，接受教职员工监督。三是校内督导委员会实施自我监督。学校主动实施"自我督导"，聘请利益相关者代表成立"校内童心督导发展委员会"，为学校工作"把关"。每学期，学校定期组织专项督导，如思政教学、学生午餐、课堂教学……家长督学撰写督导报告，多方协同提升学校工作水平。

党政"一肩挑"的治理结构为推进集团整体提升和快速发展起到了重要作用，指导集团实现优质发展；党组织的领导保障机制为意识形态工作开展、教师队伍建设、思政工作落实、深化课程建设起到了关键的作用；党组织的人才培养机制为教师队伍高质量发展起到了关键作用；党组织的监督保障机制为落实校内监督起到了决定性作用。

（四）党政分设管理运行机制

海淀区坚持以"小切口"推动"大改革"，通过完善机制保障、开展试点研究、优化班子配备、打造党建品牌等举措，为构建职责明确、协调顺畅、运转高效、作用到位的教育治理体系夯实了基础。[1]

1. 持续深化，有序推进试点工作

海淀区选取了北京交通大学附属中学、育英学校、双榆树第一小学等 7 所中小学校开展试点工作。海淀区委教育工委加强对试点学校的调研，指导梳理学校党建工作思路、修订学校章程，探索开好党组织会议

---

[1] 以"小切口"推动"大改革"，建立健全中小学校党组织领导的校长负责制［J］．北京教育（普教版），2022，（03）：14—15.

和校长办公会议的模式，确保各项试点工作任务有效落实。如北京交通大学附属中学修订了党组织委员会议事规则和校长办公会（行政会）议事规则，建立"两委会"议事决策程序和规则，对议题提出、会议研究、集体决定、争议处置等环节作出明确规定。双榆树第一小学在深入总结前期试点工作的基础上，健全党组织领导的体制机制，以"党建带团建、团建带队建"的一体化建设，推动党建工作和中心工作融合发展，落实立德树人根本任务。开展"北京市中小学校党组织领导的校长负责制研究"课题研究，深入探索完善党组织领导的校长负责制的议事规则、决策程序等。北京交通大学附属中学、育英学校等作为课题组的子课题成员，共同开展党政分设学校试点策略研究。双榆树第一小学开展的党组织领导德育策略研究，为党组织领导的校长负责制的有效运行提供了理论支撑和实践参考。

2. 选优配强，全面提升学校党组织的组织力

加强中小学校党组织建设，明确党组织把方向、管大局、作决策、抓班子、带队伍、保落实的职能定位，选拔党性强、懂教育、会管理、有威信的干部进入党组织委员会。以党组织换届为契机，全面梳理学校党组织，尤其是 7 所试点学校党组织的组织架构、议事规则、党组织委员人选条件等，明确在党组织换届时，由上届委员会提出的候选人预备人选原则上应为校务会成员。全面实施、持续抓好"党组织书记头雁领航""党务工作者素质提升""党员党性锤炼"等工程，落实党管干部、党管人才的原则，建设好干部梯队。在全市率先评选党建带头人，打破中小学管理"重行政、轻党建、轻党务"的观念，激励干部担当作为，为全面实施党组织领导的校长负责制提供人才保障。2022 年 1 月，共评选出海淀区教育系统党建带头人 20 人。结合党史学习教育，组织各中小学校全面开展自查工作，确保学校章程充分体现党的领导，落实党的教育方针，发挥教育党建督查组的作用，加强对各单位党组织落实"三重一大"的指导督促，坚决纠正"以行政建设代替党的建设"的现象和行为。

3. 党建分设，培树高质量党建品牌

坚持党建引领、创新驱动，深挖海淀红色教育资源，培育打造一批

海淀教育党建品牌，把弘扬革命传统、传承红色基因深刻融入学校教育，为推进党组织领导的校长负责制提供不竭动力。海淀区整合包括部分试点校在内的 13 所具有红色革命历史的中小学校资源，成立海淀红色学校党建联盟，全面传承弘扬海淀教育红色基因，推动地区红色教育党建资源互通共享、优势互补，切实增强各级各类学校党组织的凝聚力、创造力。同时，结合海淀红色教育资源，不断推动思政课改革创新，推出"音乐党课""艺术党课"等，确保学校小课堂与社会大课堂同频共振。制定海淀教育党建品牌培树三年行动计划，在建党百年之际发布了海淀教育第一批党建品牌，启动了第二批党建品牌甄选工作，部分试点校党建品牌入选，以党建品牌建设为契机，推动党建工作与教育教学中心工作深度融合。如北京交通大学附属中学"幸福号"党建品牌，深化"引领·融合·服务"党建工作机制建设，推进"校区融合、党政融合、身份融合"，强化"课程引领、榜样引领、德育引领"，坚持"为师生的发展需求服务、为师生的身心健康服务、为师生的生活保障服务"，发挥了品牌效应和示范作用，切实通过党建工作创新探索体制机制改革路径。

聚焦党政分设学校容易出现的党建业务融合力度不够问题，重点通过明确党组织领导职责、书记和校长工作职责，完善议事决策制度，将党建工作融入教育教学和学校管理中，使党政分设的学校既分出责任、分出质量、分出担当，又切实把党组织集体领导和校长行政负责两个优势有机整合、充分发挥。

（五）学校内设党支部管理运行机制

在中小学校党组织领导的校长负责制试点工作中，西城区委教育工委以习近平新时代中国特色社会主义思想为指导，坚持党对教育工作的全面领导，贯彻党的教育方针，加强党建引领和组织建设，落实立德树人根本任务，在区域探索和学校实践中取得显著成效。①

---

① 落实"支部建在连上"，探索完善中小学校党组织领导的校长负责制组织体系［J］.北京教育（普教版），2022，（03）：11-12.

1. 坚持问题导向，深入开展党建课题研究

西城区委教育工委结合区教育实际，坚持问题导向，以党支部作用发挥为切入点，开展"支部建在连上——新时代中小学校党组织作用发挥的实践研究"课题研究，构建具有普适性、典型性和推广性的基层党建模式，把学校党支部建在年级组上，落实"最后一公里"，健全"横到边、纵到底、全覆盖"的基层组织体系，加强基层党组织建设，实现学校党建工作与教育教学中心工作的深度融合，全面提高党组织的创造力、凝聚力和战斗力，保证党支部在教育教学工作中切实发挥战斗堡垒作用。

2. 发挥自身优势，建立党组织班子配备制度

在北京市委组织部、市委教育工委和西城区委的领导下，西城区委教育工委积极推进中小学校党组织领导的校长负责制试点工作，选取北京育才学校、北京市第一五九中学、北京小学和黄城根小学作为试点校，在推进过程中，突出组织体系、干部选拔、特色推动和课题研究4个方面，力求抓住关键、精准施策、试出成效。

区委教育工委建立与党组织发挥领导作用相适应的党组织班子配备制度，出台《基层党组织委员会分工设置规定》，结合党组织换届工作，党员校长任副书记，非党员校长列席有关党组织会议，实现双向进入交叉任职。

发挥自身研究优势，坚持问题导向、目标导向原则，加强评价体系建设。一是党委、党总支层面出台《西城区中小学校党组织工作评价标准（试行）》，内容涉及党支部战斗堡垒作用、党组织自身建设等7个方面和77个评价要点，将"全面贯彻党的教育方针，落实立德树人根本任务"作为党组织工作评价的重要内容。二是党支部层面（党委、党总支所属的二级党支部）出台《西城区党支部建设评星定级考核标准》，以"四个有力"（党支部班子有凝聚力、党员队伍有活力、工作机制有约束力、发挥作用有战斗力）、"四个认同"（工作认同、干部认同、组织认同、思想认同）作为评价标准，涉及党支部班子建设、党员队伍建设、制度机制建设、党支部和党员作用发挥、工作认可度5个方面和18个评价要素。评价体系建设确保了社会主义办学方向和立德树人根本任务的

有效落实，实现了学校党建与教育教学、课程改革等各项工作的一体化发展，既推动了学校的中心工作，也达到了全面从严治党的要求。

充分发挥指导和监督职能，建立处级干部联系点，及时听取基层呼声，了解需求并要求各基层党组织对照《中国共产党支部工作条例（试行）》、党支部标准化规范化建设对照检查清单等文件要求，切实开展集中整改工作，全面梳理存在的问题，提出整改措施，明确责任人和完成时限。

3. 坚持实践探索，切实发挥党组织引领作用

西城区教育系统在区域探索和学校实践方面，取得了积极成果和宝贵经验。西城区中小学基层党组织现有党委20个（中学13个、小学7个），所属二级支部131个；党总支17个（中学10个、小学7个），所属二级支部64个。将支部建在年级上，充分发挥其政治优势和战斗堡垒作用，将党员先锋模范作用汇聚成强大推动力，进一步增强了党组织的领导力、凝聚力和感召力。

在年级支部建设方面，北京市第十四中学党委高三党支部将党支部机构与年级组管理有效融合，实现交叉任职；共研教育教学管理，形成有指导性的工作方案和成效。

在党建品牌建设方面，北京育才学校党委发挥党组织政治领导力的使命担当，传承延安精神，打造"红色气质育英才"党建品牌。

在干部队伍建设方面，北京小学党委把党组织的领导落实到干部选拔任用工作的全过程、全方位，总结出"六化"工作法，即工作政治化、运行规范化、监督全程化、标准科学化、机制创新化、筹谋战略化。

在教育教学工作方面，黄城根小学党委从"课程体系"和"课外活动"两条教育途径发力，全面落实立德树人根本任务。通过学科和跨学科课程，实施"在感动中收获，在责任中成长"的育人策略，实现全员、全过程、全方位育人。

学校内设党支部弘扬"支部建在连上"光荣传统，把支部（党小组）建在年级组、教研组上，选拔党性强、懂教育、会管理、有威信、善于做思想政治工作的党员组长兼任党支部书记，建强党组织委员会，激励

各党支部和党小组敢于创新、主动作为，充分发挥内设党支部战斗堡垒作用。

（六）党组织领导德育和思想政治工作管理运行机制

按照北京市委组织部、市委教育工委的整体部署，大兴区参加了中小学校党组织领导的校长负责制试点项目，并参与了"中小学校党组织领导德育和思想政治工作实践研究"的子课题研究。主要任务是建立健全党组织领导德育与思想政治工作的组织体系、制度体系和工作机制体系，推动构建职责明确、协调顺畅、运转高效、作用到位的新时代首都中小学校治理体系，为持续深化基础教育综合改革、办好人民满意教育、培养德智体美劳全面发展的社会主义建设者和接班人提供坚强的政治保证和组织保证。[①]

1.建立党组织领导德育和思想政治工作的组织体系

建立党组织领导德育工作的组织体系。兴华中学是一所十二年一贯制学校，学校建立了党组织领导德育工作的组织体系，包括决策系统、执行系统和支持系统，并以结构图的方式呈现。决策系统由党委领导，书记和校长牵头，党委委员共同参与。党组织从顶层设计、文化植入、制度建设、引导协同等多方面进行整体把控和统筹，最终形成决议方案。执行系统由党支部组成，党支部建在年级和学部，支部书记均为党委成员，直接落实党委会确定的德育工作方案。支持系统由德育研发部门和服务部门组成。完善的组织体系提高了德育工作决议的执行效率和落实效果。

建立党组织领导思想政治工作的组织体系。大兴一中形成了党组织领导思想政治工作的组织体系，党组织总揽全局，协调各方。书记任组长，校长任副组长，党委会成员和行政办公会的主要成员均由一套人员构成。将支部建在年级、处室，由中层干部兼任支部书记，年级和处室主任兼任支部委员，党小组建在学科组、处室；每位党委成员联系一个

---

① 中小学校党组织领导的德育和思想政治工作实践研究［J］.北京教育（普教版），2022，（03）：17–18.

党支部，责任明确、梯次跟进、协同工作。思想政治工作组织体系严谨有序，为党组织领导教职工的思想政治工作提供了组织保障。

2.建立党组织领导德育和思想政治工作的制度体系

建立党组织领导德育工作的制度体系。学校建立了党组织领导德育工作的四项原则：民主集中、集体领导、个人分工原则；党管干部、从严治党、常态长效原则；依法行政、依法治校、依法治教原则；发扬民主、群众参与、组织监督原则。在四项原则的指导下，学校明确了党委书记、校长领导德育工作的具体职责与任务，各处室、各级干部抓德育工作的职责、任务清单和工作要求。建立了党组织领导的党组织定期研究德育工作制度、"全员育人"工作制度、德育课程实施方案等工作制度。

建立党组织领导思想政治工作的制度体系。如党组织抓教师思想政治工作职责、领导干部调研及谈心谈话制度、党员联系群众制度等，既明确了党组织领导教职工思想政治工作的内容，也明确了工作的方法，体现了党组织领导的突出特点。

3.建立党组织领导德育和思想政治工作的机制体系

建立党组织领导德育工作的工作机制。一是建立共性机制。如党组织领导、校长负责、群团参与、家校社联动德育工作机制，党组织把方向、管大局、作决策、抓班子、带队伍、保落实德育工作机制，党组织与行政同谋划、同部署、同推进、同监督、同考核的德育工作机制等，在党组织领导德育工作中发挥了重要作用。二是建立个性机制。德育管理"双导师"工作机制强调班主任和任课教师双重管理，对学生进行全方位指导；"三进三联"德育工作机制，即走进教室、走进办公室、走进学生家庭，联系一个支部、联系一名思政教师、联系一名特殊学生，突出领导干部调研的重要性。

建立党组织领导思想政治工作的工作机制。例如，"五走进"思想政治工作机制，即党员干部走进教师例会、走进学生活动、走进教研活动、走进主题班会、走进家长会；"六个结合"思想政治工作机制，即党支部全面领导与学部年级管理工作的结合、党员先锋模范与学科教学工作的结合、思想政治建设与学生德育工作的结合、党员队伍建设与教师队伍建设的结合、党风廉政建设与师德师风建设的结合、党建文化与年级班级文化建设的结合。一系列机制建设有效提升了学校的思想政治工作水平。党组织领导的德育和思想政治工作课题研究取得了明显的效果，提升了德育和思政工作的方向性、计划性和实效性，使"三全育人"得到了有效落实。

在党组织领导德育和思想政治工作管理运行机制中，要建立党组织领导德育工作和思想政治工作小组，制定《党组织定期研究学校德育工作制度》《学校三全育人工作制度》《学校德育课程实施方案》《家长成长学院培训制度》《学生社团管理制度》《学生意识形态监督检查制度》《外聘教师管理制度》等校本制度，建立"双导师""三进三联"德育工作机制、"五走进""六个结合"思想政治工作机制等，加强党组织对德育和思想政治工作的全面领导。

（七）试点学校干部选拔任用管理运行机制

燕山地区试点的干部选拔任用管理策略研究，侧重实践层面的经验总结，对照选优配强干部队伍这一综合目标，跟踪分析选拔任用、轮岗交流、重点培养等方式在操作层面的运行情况，动态考量干部选拔任用管理的"四导向"策略对于提升领导班子和党员干部这个关键少数在试点工作中引领作用的具体呈现与效果，进行归纳分析，总结研究成果。在干部选拔任用管理策略方面，燕山地区进行了如下探索。[①]

1. 坚持目标导向聚力，抓好领导班子政治"硬指标"

在推进的试点过程中，通过选拔考察、交流轮岗等方式，燕山教委党委对多名副校级以上领导干部进行了跨学校的调整配置，有了一批党性强、作风正、威信高、表率作用好的"领头雁"。燕山教委党委联合燕山工委组织部下发了试点工作实施意见和评价指标体系，统一思想，明确目标，抓好领导班子政治建设。多次召开教委党委会、各校书记校长

---

① 试点党组织领导的校长负责制，做好干部选拔任用管理工作［J］.北京教育（普教版），2022，（03）：18–19.

会、寒暑假科级干部研讨班，通过理论引领、政策宣讲、文件解读、专题研讨、主题培训等形式，在思想上讲明白，在重点上讲清楚，在工作上讲落实。指导试点单位发挥好党组织会、班子会、职代会、联席会的集体领导决策优势，提升政治站位，把立德树人的根本任务汇聚到新时代教育事业发展中去，统一到干事创业的自觉行动上来。

2. 强化实践导向赋能，把好干部选拔任用"风向标"

在研究干部轮岗锻炼实施意见和管理办法机制过程中，燕山教委党委积极推进中小学教师"区管校聘"管理改革，以增强选派干部挂职交流的计划性和系统性为重点，加强干部统筹管理，优化师资配置。试点期间，共交流轮岗 60 余名科级干部和近 50 名教师，20 余名优秀党员干部被选拔到各校党办主任岗位，纳入学校中层干部管理。多措并举，不仅确保了试点单位领导班子年龄结构合理、履职经历较为丰富、梯队层次衔接有序，也进一步优化了燕山教育系统干部培养选拔工作程序，形成了从中层干部多岗位锻炼，到副校级领导跨校履职，再到书记校长交叉任职的培养模式。

3. 紧扣问题导向提质，用好干部日常考核"指挥棒"

突出精准评价导向，进一步完善试点工作方案及各校实施细则（附则）、评价指标体系和工作机制，研究制定领导班子、党组织委员会工作目标管理责任制，对学校党组织把方向、管大局、作决策、抓班子、带队伍、保落实的领导职责和抓宣传、统德育、正师德、夯基础、聚群团等工作进行量化考核，强化结果运用。对年度考核靠后单位的领导干部进行提醒或诫勉谈话，对不适宜担任现职领导或支委的干部进行适时调整，努力营造干部"能上能下"、支委"能进能出"的良好氛围，实现鼓励、保护和约束的有机统一。

4. 突出需求导向挖潜，办好干部培养锻炼"加油站"

在全面总结燕山教委"十三五"时期干部培养情况的基础上，研究制定了"十四五"时期干部培养发展规划，持续优化"内外兼备""内培、外培、备培"有机结合的干部培训模式。以密切试点单位间联系、改进跟踪考核方式、贯通培养渠道为路径，加强干部培养锻炼。对照试点履职的重点、难点问题，按照"缺什么补什么"的原则，切实增强干部教育培训的针对性、实用性。以构建星城教育党建联盟、初高中教育联盟为契机，有计划地选派年轻后备干部进行区校际挂职锻炼，拓展格局视野，提升综合素质，丰富工作经验。

在校级干部和中层干部选拔任用中，通过抓好领导班子政治"硬指标"、把好干部选拔任用"风向标"、用好干部日常考核"指挥棒"、办好干部培养锻炼"加油站"的"四管法"，实现党政同责与一岗双责、决策议事与协调执行、齐抓共管与责任追究的干部选任闭环管理，切实履行好党管干部职责。

2022 年 6 月 13 日，北京市委全面深化改革委员会召开会议，审议通过了《北京市关于建立中小学校党组织领导的校长负责制的实施方案（试行）》（以下简称《实施方案》）及《北京市中小学校党组织会议讨论决定事项清单示范文本（试行）》《北京市中小学校党组织书记和校长职责示范文本（试行）》《北京市中小学校党组织会议和校长办公会议议事规则示范文本（试行）》《北京市中小学校章程党组织建设内容示范文本（试行）》《北京市中小学校党建工作要点提示》等配套文件，标志着北京市探索形成了加强党对中小学校全面领导的"1+5"制度体系，拉开了全市中小学校领导体制改革工作的序幕。

根据《实施方案》，北京市将以试点学校为基础，逐步扩大改革范围，健全完善协调顺畅、责任明晰、运转高效的领导体制和内部运行机制，积极稳慎推进中小学校建立党组织领导的校长负责制，把政治标准和政治要求贯穿办学治校、教书育人全过程各方面，坚持为党育人、为国育才，保证党的教育方针和党中央决策部署在中小学校得到贯彻落实；以健全学校党组织发挥领导作用的体制机制为重点，明确学校党组织全面领导学校工作，履行把方向、管大局、作决策、抓班子、带队伍、保落实的领导职责，校长在学校党组织领导下依法依规行使职权，加强学校领导班子和干部队伍建设，调整优化党政正职配备方式，选好配强党组织书记和校长，健全议事决策制度和协调运行机制，落实党务工作队伍激励保障措施。《实施方案》对党组织会议制度、校长办公会议制度、党政协调运行机制等进行了明确，提出健全议事决策制度和协调运行机制，明确了学校党组织会议讨论决定学校重大问题，强调凡属重大问题都要按照"集体领导、民主集中、个别酝酿、会议决定"的原则，由党组织会议集体讨论作出决定。《实施方案》还提出了北京市将加强学校党务工作者专业化职业化建设，探索创新职务职称"双线晋升"措施和评聘办法，并围绕专（兼）职党务工作者参评相应专业技术职称工作，提出党务工作经历占一定权重、列入有关职称序列和成果奖项认定等方面的政策支持；书记、副书记与校长、副校长在岗位等级确定、考核奖惩、工资待遇等方面享有同等对待政策。

2022 年 7 月 13 日，北京市中小学校党组织领导的校长负责制改革工作部署会召开。北京市以试点学校为基础，逐步扩大改革范围，积极稳慎推进中小学校建立党组织领导的校长负责制。东城区、西城区、通州区、大兴区和燕山地区 5 个首批试点地区大胆迈开改革步子，继续当好示范；全市 107 所试点学校年底前全部调整到位，按照新的领导体制运行。北京市将启动中小学校党组织领导的校长负责制改革。

在这一轮中小学校领导体制改革工作中，北京市坚持问题导向，着力破解改革重难点问题，明确学校党组织班子和干部队伍建设要求，健全班子成员选拔配备制度，实现结构合理、梯次配备、优势互补；强化高质量党建引领，健全学校党组织领导学生德育、教职工思想政治工作和意识形态工作等立德树人工作机制，落实"支部建在连上"要求，实施"一校一品"党建品牌创建培育工程，健全"双培养"工作机制；加强政策制度支持，提出党委和党总支设置的学校为"双正职"，党委设置的学校增加一名副书记领导职数，设置党支部的学校且书记、校长由一人担任的，副书记领导职数"应配尽配"，合理设置党政办（党办），细化专（兼）职党务工作者在职称评聘、绩效工资保障等方面的激励措施。

中小学校领导体制改革是坚持和加强党对教育工作全面领导的重要举措，是以高质量党建引领教育高质量发展的必然要求，是推进学校治理体系和治理能力现代化的根本保障。中小学校党组织要围绕"双减"等重要任务，开展多种形式的党建创新，完善党组织在改革中发挥领导作用的体制机制，充分发挥基层党组织的积极性，抓住学校年级组、学科组等育人关键环节，推动教育教学创新，强化党建引领，探索符合学科特点、时代要求和学生成长规律的教育管理模式，不断提升育人能力和水平。

第三章　党组织领导的中小学管理的原则与方法

一、党组织领导的中小学管理的原则

党组织领导的中小学管理的原则是在党组织领导的中小学管理活动中所遵循的基本准则与要求。它是党组织领导的中小学办学指导思想和学校管理规律的反映，也是学校管理实践经验的概括与总结。党组织领导的中小学管理原则，首先明确了党组织领导的中小学办学方向问题，即党组织领导的中小学应坚持什么样的方向来办学；其次阐明了党组织领导的中小学管理总体目标，即党组织领导的中小学应通过多元的学校管理活动把学生培养成什么样的人；最后揭示了党组织领导的中小学管理基本途径，即党组织领导的中小学应如何进行管理，采取哪些措施来明确办学方向与实现总体目标。总之，党组织领导的中小学高效率与高质量的管理离不开科学、准确的管理原则，只有在科学、准确的管理原则的指导下，学校管理才能不断提高管理效能，最终实现预定的管理目标。

那么，对于党组织领导的中小学管理原则的思考有哪些依据？第一，党和国家的路线、方针与政策，以及党的组织章程与教育相关法律文件。我国社会主义教育的性质、目的与任务，以及《中国共产党章程》《中华人民共和国教育法》《全面推进依法治校实施纲要》等相关法律文件，是制定党组织领导的中小学管理原则的根本依据。第二，教育发展与学校管理的原理与规律。教育发展与学校管理的原理与规律是经过无数次实践反复证明的客观原理与规律，可以作为党组织领导的中小学管理原则制定的理论依据。第三，教育发展与学校管理的实践经验。我国众多学校已根据社会主义的办学方向对学校的管理进行了各具特色、形式多样的实践探索，其中的成功经验与失败教训可以为党组织领导的中小学管理原则的制定提供实践依据。

习近平总书记强调，加强党对教育工作的全面领导是办好教育的根本保证，要在中小学校建立党组织领导的校长负责制，把政治标准和政治要求贯穿办学治校、教书育人全过程各方面，坚持为党育人、为国育才，保证党的教育方针和党中央决策部署在中小学校得到贯彻落实。①2021 年 11 月 24 日，中央全面深化改革委员会第二十二次会议审议通过了《关于建立中小学校党组织领导的校长负责制的意见（试行）》，随后中共中央办公厅正式印发。依照上述党组织领导的中小学管理原则制定的基本依据以及《关于建立中小学校党组织领导的校长负责制的意见（试行）》的方向指引，本章试从主导性原则、操作性原则两个层面对党组织领导的中小学管理原则进行总结，其中主导性原则对应党组织领导的中小学管理的方向与目标，操作性原则对应党组织领导的中小学管理的途径与方式。

（一）主导性原则

主导性原则是指在事物发展过程中能够引导全局并推动全局发展的根本性原则。党组织领导的中小学管理的主导性原则就是指能够引领办学方向与明确管理目标的根本性原则。

1. 坚持党把方向原则

加强党对教育工作的全面领导是办好教育的根本保证。建立中小学校党组织领导的校长负责制，是坚持为党育人、为国育才，保证党的教育方针和党中央决策部署在中小学校得到贯彻落实的必然要求。各地区各有关

---

① 中共中央办公厅印发《关于建立中小学校党组织领导的校长负责制的意见（试行）》〔EB/OL〕.（2022-01-26）〔2022-05-26〕.http://www.gov.cn/zhengce/2022-01-26/content_5670588.htm.

部门要认真贯彻落实《关于建立中小学校党组织领导的校长负责制的意见（试行）》精神，加强组织领导和工作指导，切实把这项工作抓紧抓好。

要在深入总结试点工作基础上，健全发挥中小学校党组织领导作用的体制机制，确保党组织履行好把方向、管大局、作决策、抓班子、带队伍、保落实的领导职责。讨论决定事关学校改革发展稳定及教育教学、行政管理中的"三重一大"事项和学校章程等基本管理制度，支持和保证校长依法依规行使职权。要加强学校各级党组织建设和党员队伍建设工作，严格执行"三会一课"等党的组织生活制度，发挥基层党组织战斗堡垒作用和党员先锋模范作用。党组织要坚持全面从严治党，领导学校党的纪律检查工作，落实党风廉政建设主体责任。要领导工会、共青团、妇女组织、少先队等群团组织和教职工大会（教职工代表大会），强化党建带团建、队建，加强学生会和学生社团管理，做好统一战线工作。此外，学校其他重要事项也要经过党组织集体讨论后决定。

要把党建工作作为办学治校的重要内容，发挥基层党组织作用，加强党员队伍建设，使基层党组织成为学校教书育人的坚强战斗堡垒。坚持把政治标准和政治要求贯穿办学治校、教书育人全过程各方面，坚持社会主义办学方向，落实立德树人根本任务，团结带领全校教职工推动学校改革发展，培养德智体美劳全面发展的社会主义建设者和接班人。要把思想政治工作紧紧抓在手上，深入开展社会主义核心价值观教育，抓好学生德育工作，把弘扬革命传统、传承红色基因深刻融入学校教育，厚植爱党、爱国、爱人民、爱社会主义的情感。做好教职工思想政治工作和学校意识形态工作，加强师德师风建设和学校精神文明建设，推动形成良好校风教风学风。

2. 坚持党管干部原则

习近平总书记在党的二十大报告中指出，坚持党管干部原则，坚持德才兼备、以德为先、五湖四海、任人唯贤，把新时代好干部标准落到实处。这是对党的十八大以来干部工作理论创新、实践创新、制度创新的科学总结和提升，体现了党对干部路线方针政策的坚持与发展，为新时代选人用人工作提供了根本遵循，需要我们全面把握和贯彻落实。中小学校要坚持党管干部原则，按照有关规定和干部管理权限，负责干部的教育、培训、选拔、考核和监督。讨论决定学校内部组织机构的设置及其负责人的人选，协助上级党组织做好学校领导人员的教育管理监督等工作。

重视学习、重视干部教育培训，是我们党治国理政的一条成功经验，并把它作为建设高素质干部队伍的先导性、基础性、战略性工程。干部教育培训是干部队伍建设的重要途径，是党的建设的重要组成部分。中小学校应该建立相应的干部教育和考核评价机制，作为综合分析参与培训干部的思想品质、能力作风和责任担当的重要组成部分，以及干部提拔使用的重要参考。中小学校开展干部教育培训，精准化是关键，用考核精准化倒逼干部培训的"教"和"学"双方，提升"教"和"学"的质量则是关键中的关键。

选好人、用好人，是干部工作的根本目标。中小学校在选贤任能问题上，必须从严要求、从严把关，以确保选拔任用的干部靠得住、过得硬、能放心。从严选拔任用干部，要严把标准关，严把选人关，严把审批关，严把纪律关。进一步加强中小学校自身领导班子建设，努力建设一支具有较高政治理论素养和开拓创新精神，掌握现代科学文化和管理知识，懂教育、善管理、作风优良的中小学校级干部后备队伍，促进学校教育优质均衡高质量发展。

考核评估是激发干部学习内生动力和授课老师教学质量的有效手段，习近平总书记指出，要立足党员、干部工作岗位的实际，采用科学的考核方法，全面客观地了解干部学习培训情况，并把考核结果作为考核领导班子和选拔任用领导干部的重要依据。在干部教育培训工作中，必须结合实际，制定完善的干部教育培训目标考评机制，调动干部学习主观能动性，激发内生动力。

管理监督好干部，是对干部负责，也是对党和国家的事业负责。中小学校要加强干部管理监督工作，重在经常、贵在较真儿。增强管理监督的针对性和有效性。不断完善干部考核方式方法，突出考核重点、加强分类考核、完善日常考核，建立科学完备的干部考核评价机制。要坚持德才兼备、以德为先，坚持依法依规办事，坚持从严管理监督与激励关怀相结合，注意体现中小学教育的基础性、办学的公益性、育人的长效性、岗位的专业性等特点，不简单套用党政领导干部管理模式，公道公平公正地对待、评价和使用领导人员，充分调动干部的积极性、主动性、创造性，办好人民满意的教育。

3. 坚持党管人才原则

中小学校高效管理之要，首在人才。党组织领导的中小学管理在实践中的各个环节都需要优秀人才的参与，优秀人才的参与可以有效提升学校管理的效率与质量。"党管人才"原则是党中央为大力实施人才强国战略而作出的一项重要决定，总结了我们党长期人才工作的经验，深化了对人才是第一资源的认识，指引了新时代人才工作的方向。2003 年 12 月 26 日，中共中央、国务院发布《关于进一步加强人才工作的决定》，强调："坚持党总揽全局、协调各方的原则，充分发挥党的思想政治优势、组织优势和密切联系群众的优势，发挥党委领导核心作用，形成党委统一领导，组织部门牵头抓总，有关部门各司其职、密切配合，社会力量广泛参与的人才工作新格局。"① 同时进一步明确，党管人才主要是管宏观，管政策，管协调，管服务。

党组织领导的中小学管理要坚持"党管人才"原则，这是中小学管理过程中的重要一环。《关于建立中小学校党组织领导的校长负责制的意见（试行）》提出，按照有关规定做好教师等人才的培养、招聘、使用、管理、服务和职称评审、奖惩等相关工作。党组织领导的中小学管理应做到：第一，加强党员教育培养工作，充分发挥模范示范作用。学校党组织一方面要加强对党员的教育培养，努力使广大党员教师成为学习的模范和贡献的模范，在成才的道路上发挥带头作用；另一方面要注重从各类优秀人才中发展党员和培养党的各级干部，把更多的优秀人才集聚到学校党组织中来。第二，加强教师师德师风建设，培养师德高尚的好老师。中小学校党组织应重视对教师的师德师风培训，以为社会主义现

---

① 中共中央 国务院关于进一步加强人才工作的决定［EB/OL］.（2003-12-26）［2022-05-26］.http://www.gov.cn/test/2005-07/01/content_11547.htm.

代化服务和以培养德智体美劳全面发展的社会主义建设者和接班人为根本目标，培养师德高尚的好老师。第三，制定卓越教师专业标准，促进教师终身专业化发展。中小学校党组织应制定卓越教师的标准，并通过优秀教师评选等活动来鼓励发展，将这一卓越标准在教师的招聘、培养、管理与评估的全过程中得以体现。第四，协调校内外的优势资源，服务优秀教师队伍建设。中小学校党组织应充分发挥"党管人才"的主导作用和"密切联系群众"的突出优势，充分协调校内外的优势资源，为教师队伍建设提供充分的服务与保障。

4. 坚持全面从严治党原则

党组织领导的中小学管理既要包括管的过程，同样也要包括治的过程。严格规范的管治过程有利于保障管理过程的科学性与公正性，有利于保障管理的效率与质量。全面从严治党是中国共产党治党的重要原则，是保持党的先进性和纯洁性，保持党在思想上、政治上、组织上集中与统一，打造坚实牢固战斗堡垒的根本保障。党的十八大以来，以习近平同志为核心的党中央总结党在历史上形成的宝贵经验，深刻分析党的建设中存在的现实问题及其产生根源，根据新时代党所面临的任务要求，明确提出全面从严治党，把管党治党推向了一个新的高度。按照全面从严治党的总体要求，党中央明确提出"八项规定"①，在全党部署开展"三

---

① 中共中央政治局 2012 年 12 月 4 日召开会议，审议中央政治局关于改进工作作风、密切联系群众的八项规定。一、中央政治局全体同志要改进调查研究，到基层调研要深入了解真实情况，总结经验、研究问题、解决困难、指导工作，向群众学习、向实践学习，多同群众座谈，多同干部谈心，多商量讨论，多解剖典型。二、要精简会议活动，切实改进会风，严格控制以中央名义召开的各类全国性会议和举行的重大活动，不开泛泛部署工作和提要求的会，未经中央批准一律不出席各类剪彩、奠基活动和庆祝会、纪念会、表彰会、博览会、研讨会及各类论坛；提高会议实效，开短会、讲短话，力戒空话、套话。三、要精简文件简报，切实改进文风，没有实质内容、可发可不发的文件、简报一律不发。四、要规范出访活动，从外交工作大局需要出发合理安排出访活动，严格控制出访随行人员，严格按照规定乘坐交通工具，一般不安排中资机构、华侨华人、留学生代表等到机场迎送。五、要改进警卫工作，坚持有利于联系群众的原则，减少交通管制，一般情况下不得封路、不清场闭馆。六、要改进新闻报道，中央政治局同志出席会议和活动应根据工作需要、新闻价值、社会效果决定是否报道，进一步压缩报道的数量、字数、时长。七、要严格文稿发表，除中央统一安排外，个人不公开出版著作、讲话单行本，不发贺信、贺电，不题词、题字。八、要厉行勤俭节约，严格遵守廉洁从政有关规定，严格执行住房、车辆配备等有关工作和生活待遇的规定。

严三实"①、"两学一做"②、"不忘初心、牢记使命"主题教育和党史学习教育，以"踏石留印、抓铁有痕"的劲头坚持不懈推进作风建设。2020年3月9日，中共中央办公厅印发的《党委（党组）落实全面从严治党主体责任规定》提出了落实全面从严治党应遵循的原则：坚持紧紧围绕加强和改善党的全面领导；坚持全面从严治党各领域各方面各环节全覆盖；坚持真管真严、敢管敢严、长管长严；坚持全面从严治党过程和效果相统一。③习近平总书记在党的二十大报告中指出，坚定不移全面从严治党，深入推进新时代党的建设新的伟大工程。

　　党组织领导的中小学管理必须要坚持"从严治党"原则，这是中小学管理效率与质量的重要保障。《关于建立中小学校党组织领导的校长负责制的意见（试行）》提出，中小学校党组织要领导学校党的纪律检查工作，落实党风廉政建设主体责任。对于中小学校党组织来说，首先应通过党风廉政建设保持组织自身的廉洁性，其次应通过纪律检查工作促进学校管理的科学性。党组织领导的中小学管理贯彻"从严治党"原则的核心在于充分发挥监督与被监督的职能与责任。一方面，中小学校党组织应充分发挥监督职能，领导学校党的纪律检查工作，同时监督学校管理过程中

①2014年3月9日，习近平总书记在参加十二届全国人大二次会议安徽代表团审议时的重要讲话中指出："各级领导干部都要树立和发扬好的作风，既严以修身、严以用权、严以律己，又谋事要实、创业要实、做人要实。"2015年4月10日，中共中央办公厅印发《关于在县处级以上领导干部中开展"三严三实"专题教育方案》，在县处级以上领导干部中开展了一次以"严"和"实"为主要内容的"三严三实"专题教育。通过这次教育，县处级以上领导干部在思想、作风、党性上进行了一次集中"补钙"和"加油"，绷紧了政治纪律和政治规矩这根弦。

② "两学一做"，即"学党章党规、学系列讲话，做合格党员"，是党为进一步加强党的作风建设，推动党内教育向广大党员拓展、向经常性教育延伸，而进行的一次党内广泛的集中教育。"两学一做"学习教育面向全体党员，把党的思想建设放在首位，教育引导党员自觉按照党员标准规范言行，进一步坚定理想信念，提高党性觉悟；进一步增强政治意识、大局意识、核心意识、看齐意识，坚定正确政治方向；进一步树立清风正气，严守政治纪律政治规矩；进一步强化宗旨观念，勇于担当作为，在生产、工作、学习和社会生活中起先锋模范作用。经过学习教育，广大党员经历了一次严格的思想、政治、作风、纪律教育，得到了全社会的一致肯定。2017年2月21日，中共中央政治局召开会议，审议通过了《关于推进"两学一做"学习教育常态化制度化的意见》，决定把"两学一做"学习教育作为一项全党必须长期坚持的活动。

③ 中共中央办公厅印发《党委（党组）落实全面从严治党主体责任规定》[EB/OL]．（2020–03–09）[2022–05–26]．http://www.gov.cn/zhengce/2020–03/13/content_5491053.htm.

的人事招聘、教育教学、资金使用与民主决策等具体工作的开展，并及时提出意见，督促改正；另一方面，中小学校党组织应积极承担被监督的责任，欢迎广泛的外部利益相关者对党组织在行使管理与决策等权力方面进行严格监督，同时积极主动地向全校师生、学生家长与社会公众等主体公开自己的工作过程与结果，从而保证管理与决策的透明、公正与科学。

（二）操作性原则

操作性原则是指在理论性原则的指导下，按照一定的规范和要领，选择不同的方法进行具体操作的实践性原则。党组织领导的中小学管理的操作性原则就是指在党组织领导的中小学管理中，有关具体实践途径与方式的原则。

1. 坚持集体领导原则

集体领导是指对重大的事情，非常规性的工作，应由领导班子组织全体集体决策，而不是某个领导一个人说了算，不搞"一言堂"。集体领导是民主集中制原则的精髓，体现了党委制的实质，是党委领导的最高原则。《中国共产党章程》第十条第五款规定："党的各级委员会实行集体领导和个人分工负责相结合的制度。凡属重大问题都要按照集体领导、民主集中、个别酝酿、会议决定的原则，由党的委员会集体讨论，作出决定；委员会成员要根据集体的决定和分工，切实履行自己的职责。"2016年10月27日中国共产党第十八届中央委员会第六次全体会议审议通过的《关于新形势下党内政治生活的若干准则》规定："坚持集体领导制度，实行集体领导和个人分工负责相结合，是民主集中制的重要组成部分，必须始终坚持，任何组织和个人在任何情况下都不允许以任何理由违反这项制度。"①

党组织领导的中小学管理应坚持集体领导原则，并通过集体分工协作机制、集体学习机制、集体调研机制和集体决策机制等四大机制的整合来得以实现。第一，实施集体分工协作机制，中小学校党组织成员分

---

① 中国共产党第十八届中央委员会第六次全体会议公报［EB/OL］.（2016-10-27）［2022-05-26］.http://www.gov.cn/xinwen/2016-10/27/content_5125093.htm.

管不同的工作，在各自的岗位上认真履行职责，同时又针对学校发展的重大问题展开集体协作，发挥各自优势，集中力量办大事；第二，实施集体学习机制，中小学校党组织成员应定期以集体组织的形式来学习国家有关党建和教育的最新政策文件精神，并对学校发展的重大问题进行集中研讨，共商大事；第三，实施集体调研机制，中小学校党组织成员应定期集体亲身深入学校各级组织机构，通过实地考察或多人座谈等多种形式来了解学校师生与员工在工作和生活中所遇到的实际问题，了解学校师生与员工的切身感受与个人想法；第四，实施集体决策机制，中小学校党组织在学校发展的重大问题上坚持集体讨论、集体决策，完善重大决策规则程序，坚持严格按照决策规则和程序进行决策。

2. 坚持民主集中原则

民主集中制，概括地说，就是民主基础上的集中和集中指导下的民主相结合。它是党的根本组织原则，是党内政治生活正常开展的重要制度保障。《中国共产党章程》第十条规定："党是根据自己的纲领和章程，按照民主集中制组织起来的统一整体。"基于此，《中国共产党章程》又对民主集中制提出了六条基本原则：（1）党员个人服从党的组织，少数服从多数，下级组织服从上级组织，全党各个组织和全体党员服从党的全国代表大会和中央委员会。（2）党的各级领导机关，除它们派出的代表机关和在非党组织中的党组外，都由选举产生。（3）党的最高领导机关，是党的全国代表大会和它所产生的中央委员会。党的地方各级领导机关，是党的地方各级代表大会和它们所产生的委员会。党的各级委员会向同级的代表大会负责并报告工作。（4）党的上级组织要经常听取下级组织和党员群众的意见，及时解决他们提出的问题。党的下级组织既要向上级组织请示和报告工作，又要独立负责地解决自己职责范围内的问题。上下级组织之间要互通情报、互相支持和互相监督。党的各级组织要按规定实行党务公开，使党员对党内事务有更多的了解和参与。（5）党的各级委员会实行集体领导和个人分工负责相结合的制度。凡属重大问题都要按照集体领导、民主集中、个别酝酿、会议决定的原则，由党的委员会集体讨论，作出决定；委员会成员要根据集体的决定和分工，切实履行自己的职责。（6）党禁止任何形式的个人崇拜。要保证党的领导人的活动处于党和人民的监督之下，同时维护一切代表党和人民利益的领导人的威信。2019年1月31日印发的《中共中央关于加强党的政治建设的意见》强调，要坚持民主集中制这一根本领导制度，善于运用民主的办法汇集意见、科学决策，善于通过协商的方式增进共识、凝聚力量，同时善于集中、敢于担责，防止议而不决、决而不行。①党组织领导的中小学管理应坚持民主集中原则，有利于保障学校各级组织的团结统一，还有利于保障管理与决策的科学性与公正性。在具体实施过程中，也应遵循以下原则：第一，中小学校党组织的党员个人服从党的组织，少数服从多数，下级组织服从上级组织；第二，中小学校党组织针对学校发展的重大问题均采取每人投票与集体决策相结合的形式，同时也欢迎教师工会、家长委员会等组织的积极参与和监督；第三，中小学校党组织应经常听取下级组织和党员群众的意见，倾听下级组织和党员群众的真实声音，及时解决他们提出的问题；第四，中小学校党组织实施集体领导和个人分工负责相结合的制度；第五，中小学校党组织在管理与决策过程中坚决反对任何形式的个人崇拜和"一言堂"，合理监督组织内部的权力运行。

3. 坚持个别酝酿原则

个别酝酿是党委形成决议、决定之前，党委成员之间采取个别谈心的形式，相互交换意见、交流思想的必要过程，也是充分发扬民主、提高决策水平、增进同志之间团结的重要环节。个别酝酿是实施党委集体领导、进行科学决策的必要环节。然而在工作实践中，往往容易出现以行政负责制的"习惯"取而代之，将个别酝酿变成个人或个别人酝酿。这种做法，不仅曲解了个别酝酿的本意，而且违背了民主集中制原则。《中国共产党章程》第十七条规定："任何党员不论职位高低，都不能个人决定重大问题；如遇紧急情况，必须由个人作出决定时，事后要迅速

---

① 中共中央关于加强党的政治建设的意见［EB/OL］.（2019-02-27）［2022-05-26］.http://www.gov.cn/zhengce/2019-02/27/content_5369070.htm.

向党组织报告。"党委会前的个别酝酿是党组织班子成员之间相互通气，党委成员和"班长"是平等的，不是少数人商量了事，更不是个人说了算。

个别酝酿是科学决策的必要环节和重要方法，党组织领导的中小学管理也应坚持这一原则。在具体实践过程中，应注意以下问题：第一，要坚持将个别酝酿作为一种制度来执行。中小学校党组织应坚决将个别酝酿作为一种制度来执行，而不能最终由于"习惯"或成员不积极参与而流于形式。第二，学校党组织的领导者应培养个别酝酿的氛围。中小学校党组织的领导者首先应明确自身的权力与职责，不做超越自身权力之外的事，严格履行自身的职责，同时积极鼓励党组织成员积极参与，主动发表意见，互相交流学习，培养个别酝酿的良好氛围。第三，学校党组织的其他成员应养成积极参与意识。中小学校党组织的所有成员都应树立积极参与的意识，不能养成"事不关己，高高挂起"的习惯，应树立主人翁和服务者意识，将主动参与和积极贡献作为实现自身价值的最佳选择。

4. 坚持会议决定原则

会议决定是党委集体决策的必经程序。对重大问题，在充分酝酿、协商和讨论的基础上，按少数服从多数的原则进行表决，作出决定。会议决定直接关系到决策的正确与否和质量高低，也是决策科学化、规范化的关键环节。会议决定与会议决议是两个不同的概念，对于二者之间的区分有利于加深对会议决定原则的理解。会议决定不一定经过法定会议讨论通过的程序，它既可以通过会议讨论研究的成果形成正式文件予以公布，也可由各级领导机关直接制作并予以公布。而会议决议则是必须经过某一级机关或组织机构的法定会议对某一议题进行集体讨论，由法定成员多数表决通过，然后形成正式文件，并以会议的名义公布。由此可见，两个概念之间既有联系又有区别。二者均遵循会议讨论、多数表决与公开发布等原则，同时会议决定与会议决议相比在形式和内容上更加灵活，更加契合基层党组织所面对的具体的复杂的外部环境与问题。

会议决定是保障党组织领导的中小学管理与决策的科学性、公正性与民主性的重要环节，党组织领导的中小学管理必然坚持贯彻这一原则。针对会议决定过程中的具体环节，在实践中应遵循以下原则：第一，会议议题的确定必须建立在调查研究、实事求是的基础上，尽量避免主观性和片面性，使其科学合理，具有较强的针对性，同时每次会议议题的数量应适中，不能为会议罗列许多议题。多要求"一事一会"，或者至少是"一类事一会"。不属于同类的事项，尽量通过不同会议解决，要使参加会议的人员把精力集中到会议的中心议题上，防止会议议题过多，久议不决。第二，会议的组织必须严格规范，由于会议要对学校发展的重要问题进行讨论与决策，因此会议的组织必须严格规范，如规定参会人数、统计人员投票等环节的规范。第三，会议的过程与结果必须公开透明，如及时向社会公布和接受社会公众的监督，同时也要虚心接受来自社会公众的意见和反馈，并及时进行修改。

二、党组织领导的中小学管理的方法

中小学校管理方法是中小学校管理者为了实现学校管理目标，开展学校管理活动所采取的各种手段、措施和途径。中小学校管理方法遵循学校管理原则，并与学校各项工作的内容相适应。无数次实践经验证明，正确适当的学校管理方法，有利于提升学校管理的效率与质量，反之则对学校管理活动的开展形成一定阻碍。基于此，在党组织领导的中小学管理方法的选择上应注意以下几点：第一，党组织领导的中小学管理方法的选择必须契合党和国家的教育方针，牢牢把握社会主义的办学方向，符合我国国情；第二，党组织领导的中小学管理方法的选择要以中小学管理原则为指引，牢牢把握党组织领导的中小学管理的特殊性、科学性与先进性；第三，党组织领导的中小学管理方法的选择并不是一成不变的，而是随着教育事业的发展不断创新的，同时管理方法的选择必须贴合学校发展实际，与学校各项工作的具体内容相适应。《关于建立中小学校党组织领导的校长负责制的意见（试行）》提出，要发挥中小学校党组织领导作用，要支持和保证校长行使职权，要建立健全议事决策制度，要完善协调运行机制，要加强组织领导。①在此基础上，本章提出以下党组织领导的中小学管理方法。

（一）符合国情和科学规律

把握社会主义办学方向，探索符合国情和科学规律的中小学管理方法，是党组织领导的中小学管理在实施过程中应首先明确的先导性问题和基础性方法。社会主义教育的特殊性质决定了党组织领导的中小学管理必须牢牢把握社会主义办学方向。

1.抓好教育方针贯彻执行

教育方针是国家或政党在一定历史阶段提出的有关教育工作的总方向和总指针，是教育基本政策的总概括。②《中华人民共和国教育法》第五条规定："教育必须为社会主义现代化建设服务、为人民服务，必须与生产劳动和社会实践相结合，培养德智体美劳全面发展的社会主义建设者和接班人。"但不同的历史时期有不同的教育方针；相同的历史时期因需要强调某个方面，教育方针的表述也会有所不同。2019年2月，中共中央、国务院印发了《中国教育现代化2035》，这是我国第一个以教育现代化为主题的中长期战略规划，是新时代推进教育现代化、建设教育强国的纲领性文件，定位于全局性、战略性、指导性。《中国教育现代化2035》的发布，明确了"到2035年，总体实现教育现代化，迈入教育强国行列，推动我国成为学习大国、人力资源强国和人才强国"③的教育现代化目标。2021年3月11日第十三届全国人民代表大会第四次会议通过的《中华人民共和国国民经济和社会发展第十四个五年规划和2035年远景目标纲要》强调"建设高质量教育体系"，具体表述为："全面贯彻党的教育方针，坚持优先发展教育事业，坚持立德树人，增强学生文明素养、

① 中共中央办公厅印发《关于建立中小学校党组织领导的校长负责制的意见（试行）》［EB/OL］.（2022-01-26）［2022-05-26］.http://www.gov.cn/zhengce/2022-01/26/content_5670588.htm.

② 王佩臣.教育学基础理论［M］.北京：教育科学出版社，2018：229-231.

③ 中共中央、国务院印发《中国教育现代化2035》［EB/OL］.（2019-02-23）［2022-05-26］.http://www.moe.gov.cn/jyb_xwfb/s6052/moe_838/201902/t20190223_370857.html.

社会责任意识、实践本领，培养德智体美劳全面发展的社会主义建设者和接班人。"①党组织领导的中小学管理必须全面贯彻党的最新教育方针，以习近平总书记关于教育的重要论述为引领，努力办好符合国家和社会需要的高质量教育，为教育强国建设作出更大的贡献。

2. 抓好依法治校工作实施

全面推进依法治教是深入贯彻落实习近平总书记全面依法治国新理念新思想新战略的重大政治任务。深入推进各级各类学校依法治校是全面依法治国的重要组成部分。2012 年 11 月，教育部印发《全面推进依法治校实施纲要》，对师生在参与学校管理、行使监督权利、实现自我发展等方面的权益给予制度保障，强调将积极落实教师、学生的主体地位。②因此，党组织领导的中小学管理应通过章程建设，提升学校对校内制度建设的统筹规划，提高制度建设质量，形成以章程为核心，规范统一、分类科学、层次清晰和运行高效的学校制度体系。充分发挥学术委员会制度、教职工代表大会制度和理事会制度等的作用，完善师生权益保护机制，畅通师生诉求反映渠道，建立学校风险防控机制和校内纠纷化解机制，把矛盾纠纷消解在萌芽状态。③

（二）加强组织领导机制建设

加强组织领导机制建设是党组织领导的中小学管理过程中的重要环节，科学有效的组织领导有利于准确把握学校的整体发展方向，提升学校管理的效率与质量。

1. 抓好党组织自身建设工作

党组织作为学校管理过程中的领导主体，其自身建设的先进性对于学校管理活动的高效开展至关重要。中小学校党组织应以提升组织力为

---

① 中华人民共和国国民经济和社会发展第十四个五年规划和 2035 年远景目标纲要［EB/OL］.（2021-03-12）［2022-05-26］. http://www.gov.cn/xinwen/2021-03/13/content_5592681.htm.

② 教育部关于印发《全面推进依法治校实施纲要》的通知［EB/OL］.（2012-12-03）［2022-05-26］. http://www.moe.gov.cn/srcsite/A02/s5913/s5933/201212/t20121203_146831.html.

③ 景李虎.新时代全面推进依法治校的思考与实践［J］.国家教育行政学院学报，2019，（01）：30-34.

重点，突出政治功能，优化基层党组织设置、创新活动方式，严格党员教育管理、严肃党的组织生活，推动党建工作与教育教学、德育和思想政治工作深度融合。首先，应优化学校党组织设置。中小学校党组织应严格按照《关于加强中小学校党的建设工作的意见》[1]和《中小学校基层党组织建设示范标准》等相关政策文件，明确党组织在学校管理中的角色与地位，严格规范学校党组织的人数限定及选拔标准，明确学校党组织的隶属关系。其次，应创新组织活动方式。中小学校党组织应把党组织工作融入学校教育教学各项工作中，防止"两张皮"，建立党组织班子成员和党员联系服务师生员工制度，组织党员老教师、教学骨干与年轻教师结对子。健全把骨干教师培养成党员、把党员教师培养成教学管理骨干的"双培养"机制。最后，应加强党员教育培训。中小学校党组织应定期组织党员进行党史学习教育，增强党性、提高素质，强化对党员的日常管理、组织关系管理，落实"三会一课"、民主生活会和组织生活会、党员党性分析和民主评议、党员活动日等制度。

2.加强学校干部队伍建设

以校长和书记为代表的中小学校干部队伍在党组织领导的中小学管理活动中扮演"领头羊"角色，发挥"催化剂"的作用，一方面他们负责中小学校发展问题的管理与决策工作，统领学校发展的总体方向，另一方面他们负责向学校师生和校内组织传达上级政策文件及讲话精神，并具体统领上级政策文件及讲话精神的贯彻实施。因此，加强学校干部队伍建设对于党组织领导的中小学管理活动的高效开展具有重要影响。对于中小学校党组织来说，首先，要厘清校长和书记的权责分配。《关于建立中小学校党组织领导的校长负责制的意见（试行）》指出："校长在学校党组织领导下，依法依规行使职权，按照学校党组织有关决议，全面负责学校的教育教学和行政管理等工作。"同时指出："学校党组织书记主持党组织全面工作，负责组织党组织重要活动，督促检查党组织决

---

[1] 中央组织部、教育部党组印发《关于加强中小学校党的建设工作的意见》[EB/OL].（2016-09-30）[2022-05-26].http://www.moe.gov.cn/jyb_xwfb/gzdt_gzdt/s5987/201609/t20160930_282770.html.

议贯彻落实，督促党组织班子成员履行职责、发挥作用。"其次，完善学校干部队伍选拔机制。中小学校党组织应注重选拔党性强、懂教育、会管理、有威信、善于做思想政治工作的优秀党员干部担任学校干部，同时对于干部选拔的过程与结果应公开透明。最后，加强学校干部队伍教育培训。中小学校党组织应注重加强对干部队伍在党规党纪、党建工作、学校管理、廉洁自律等方面知识和能力的培训，积极参与"全国中小学校基层党组织书记示范培训班"① 等活动，并向全校干部开展经验分享，同时通过评选"校园先进党员干部"等活动，以榜样示范作用加以激励。

3. 加强学校教师队伍建设

教师是中小学校人才队伍的重要组成部分，是推进教育改革创新，实现教育现代化，办好人民满意教育的重要力量。同样，教师也是党组织领导的中小学管理体系中的关键主体，因此中小学校党组织理应加强学校教师队伍的建设。党组织领导的教师队伍建设应围绕"思想政治、师德师风、专业发展"三个核心要素来展开。首先，提升教师思想政治素质。中小学校党组织应定期组织教师进行政治理论学习，帮助教师准确把握新时代党建工作和教育发展的目标与任务，提升教师的思想政治素质。其次，开展教师师德师风培训。中小学校党组织应以爱国守法、爱岗敬业、关爱学生、教书育人、为人师表、终身学习为重点，持续开展形式多样的师德教育活动，营造师德师风建设的良好氛围。② 最后，促进学校教师专业发展。中小学校党组织应依照教育部发布的中小学教师专业标准③ 和中小学教师培训课程指导标准④，充分利用校内外优势资源，

---

① 关于印发《教育部基础教育司 2017 年工作要点》的通知［EB/OL］.（2017-04-10）［2022-05-26］.http://www.moe.gov.cn/s78/A06/tongzhi/201704/t20170427_303369.html.

② 国务院关于加强教师队伍建设的意见［EB/OL］.（2012-09-07）［2022-05-26］.http://www.gov.cn/zwgk/2012-09/07/content_2218778.htm.

③ 教育部关于印发《幼儿园教师专业标准（试行）》《小学教师专业标准（试行）》和《中学教师专业标准（试行）》的通知［EB/OL］.（2012-09-13）［2022-05-26］.http://www.moe.gov.cn/srcsite/A10/s6991/201209/t20120913_145603.html.

④ 教育部办公厅关于印发《中小学教师培训课程指导标准（师德修养）》等 3 个文件的通知［EB/OL］.（2020-07-22）［2022-05-26］.http://www.moe.gov.cn/srcsite/A10/s7002/202008/t20200814_478091.html.

开展多种形式、多元类型的教师培训课程与活动，帮助中小学教师养成终身学习的理念，促进教师专业发展。

（三）推进学校育人模式改革

学校管理活动开展的根本任务就在于培养什么样的人、如何培养人的问题。党组织领导的中小学管理活动仍需遵循以学生为中心的教育理念，以培养德智体美劳全面发展的社会主义建设者和接班人为根本目标。

1. 增强学生政治意识

中小学生是中国特色社会主义的建设者和接班人，也是国家现代化建设重要的人才基础。不仅要大力提升其科学文化素质，也要增强其思想政治意识。引导其热爱国家，热爱中国共产党，热爱中国特色社会主义。这就要求在日常教学与管理过程中促进学生政治意识的增强。首先，中小学校党组织应努力培养学生对思想政治的兴趣，通过日常升国旗仪式、趣味红色电影观赏等多种形式的活动，启发学生认识到思想政治并不是与本人无关，而是学生应具备的综合素质的一部分；其次，中小学校党组织应努力促进学生对思想政治知识的学习，通过党史知识问答、红色知识竞赛等活动，为学生学习思想政治知识提供更多机会；最后，中小学校党组织应鼓励学生通过日常实践来践行所学到的思想政治知识，鼓励学生通过参加志愿活动、做生活中的"红领巾"等实践活动，来加深自身对于思想政治知识的理解与感悟。

2. 加强学生思想品德教育

学校思想品德教育是指教育者按照一定的社会或阶级要求，有目的、有计划、有系统地对受教育者施加思想、政治和道德等方面的影响，并通过受教育者积极的认识、体验与践行，使其形成一定社会与阶级所需要的品德，即教育者有目的地培养受教育者思想品德的活动。2017 年 8月 22 日，教育部发布的《中小学德育工作指南》针对不同学段提出不同的德育目标，并将德育内容整合为理想信念教育、社会主义核心价值观教育、中华优秀传统文化教育、生态文明教育与心理健康教育等多要素的集合。党组织领导的中小学管理应坚持优化校园环境，营造文化氛围，构建文明校园；要严格落实德育课程，上好道德与法治、思想政治课，同时将德育要素融入其他各学科的教育教学全过程；要精心设计、组织开展主题明确、内容丰富、形式多样、吸引力强的教育活动，以鲜明正确的价值导向引导学生，以积极向上的力量激励学生，促进学生形成良好的思想品德和行为习惯；利用爱国主义教育基地、公益性文化设施、公共机构、企事业单位、各类校外活动场所、专题教育社会实践基地等资源，开展不同主题的实践活动，以培养学生的道德实践素质。①

3. 强化学生民主参与意识

2012 年 11 月 22 日，教育部印发的《全面推进依法治校实施纲要》提出，要以建设现代学校制度为目标，落实和规范学校办学自主权，形成政府依法管理学校，学校依法办学、自主管理，教师依法执教，社会依法支持和参与学校管理的格局。强调要切实落实师生主体地位，大力提高自律意识、服务意识，依法落实和保障师生的知情权、参与权、表达权和监督权，积极建设民主校园、和谐校园、平安校园。②学生作为学校管理体系中的重要主体，理应具有参与学校管理与决策的合法权利，这是构建现代学校制度的关键路径，也是党组织领导的中小学管理体系中的重要环节。首先，中小学校党组织应完善学校章程的建设，明确学生在学校管理与决策中的权利，阐明参与的程度与限度、形式与内容等关键要素，这是学生有效参与学校管理的基础；其次，中小学校党组织应完善学生组织的建设，在不同领域设置不同的学生组织，如党组织引领的少先队组织、学校层次的学生会组织、班级层次的班委会组织，以及多种形式的学生社团组织，为学生参与学校管理提供扎实的组织支持；再次，中小学校党组织应通过多种形式的宣传与实践活动，如学生大使评选活动、学生代表发言活动等，来增强学生对民主参与的兴趣和理解，并以多元的实践形式来具体践行；最后，中小学校党组织应完善《学生

---

① 教育部关于印发《中小学德育工作指南》的通知［EB/OL］.（2017–08–22）［2022–05–26］.http://www.moe.gov.cn/srcsite/A06/s3325/201709/t20170904_313128.html.

② 教育部关于印发《全面推进依法治校实施纲要》的通知［EB/OL］.（2012–12–03）［2022–05–26］.http://www.moe.gov.cn/srcsite/A02/s5913/s5933/201212/t20121203_146831.html.

代表选拔办法》《学生会组织章程》《学生校内申诉处理办法》等相关制度建设，扫清学生参与学校管理的障碍，为学生的民主参与提供制度保障。

（四）完善管理协调运行体制

党组织领导的中小学管理体系涉及党组织、校长、教师、学生与家长等多元主体的复杂关系，其有效运行需要完善协调不同主体之间的复杂利益关系，构建中小学管理的协调运行机制。

1. 坚持依法依规治校原则

中小学校党组织领导的校长负责制是中小学校贯彻执行校长治校原则的集中体现。实行党组织领导的校长负责制，是将由行政领导下的学校发展转变为党组织引领下的学校发展，从根本上加强党对学校一切工作的全面领导，将党建工作和学校教育教学业务融为一体，为高质量发展提供政治保证。[1] 党组织领导的校长负责制是一个不可分割的有机整体，是党组织领导与校长负责制的多重耦合，也是党建工作与教育教学的交叉融合。《关于建立中小学校党组织领导的校长负责制的意见（试行）》明确提出："校长在学校党组织领导下，依法依规行使职权，按照学校党组织有关决议，全面负责学校的教育教学和行政管理等工作。"这充分厘清了党组织领导与校长负责制之间的关系，即校长全面负责、党组织的政治作用、教代会的民主参与管理和校务委员会的咨询审议作用四大要素之间的有机整合。[2] 因此，要从健全党组织会议、校长办公会议或校务会议的议事规则入手，从实施制度上规范学校党组织与行政的关系，完善运行机制。一方面，保证学校党组织对整体工作的统一领导，坚持正确的办学方向；另一方面，支持学校校长依法独立行使职权，保障教学科研工作的中心地位，保证党组织决策在实际工作中落到实处、取得成

---

① 崔楚民，郭姗姗.以党组织领导的校长负责制引领学校高质量发展［J］.中国教育学刊，2021，（S1）：66–67，77.

② 李保强.学校管理体制改革研究的历程省思与趋势探析［J］.上海教育科研，1998，（11）：14–17.

效。①

2. 深化校长和书记交流沟通

校长和书记是党组织领导的中小学管理的核心，二者之间的协调、沟通与合作对于党组织领导的中小学高效管理至关重要。校长和书记应在党组织的统一领导下，既要明确工作分工，又要深化协调合作。首先，必须发挥党组织领导作用，保证校长依法依规行使职权，建立健全党组织统一领导、党政分工合作、协调运行的工作机制，合理确定学校领导班子成员分工，明确工作职责。其次，党组织书记和校长要及时交流思想、工作情况，带头维护班子团结，学校党组织会议、校长办公会议（校务会议）的重要议题，党组织书记、校长应当在会前听取对方意见，意见不一致的议题暂缓上会，待进一步交换意见、取得共识后再提交会议讨论。最后，党组织书记和校长应共同学习有关党建工作和教育发展的最新政策文件精神，同时又要相互学习，学习对方先进的管理理念与科学的工作方式，以促进自身的提升。

3. 完善校务委员会制度运行

中小学校务委员会不是对人事、财务等均拥有决策权的权力机构，而是在党组织领导的校长负责制前提下，进一步加强民主管理、完善内部管理体制的一种新型制度。校务委员会由学校领导、教师、学生、家长、社区代表、专家等人员组成，他们的责任是对学校工作提出建议、进行协调和审议。其目的是打破教育自身相对封闭的状态，将家长、社区、社会的力量引进学校管理体制，推进学校管理决策的科学化、民主化。②2012 年 11 月 22 日，教育部印发的《全面推进依法治校实施纲要》强调："中小学要健全校长负责制，建立有教师、学生及家长代表参加的校务委员会，完善民主决策程序"。③因此，党组织领导的中小学管理应

---

① 张德祥.完善党委领导下的校长负责制的运行机制［J］.国家教育行政学院学报，2022，（04）：8–9.

② 积极探索中小学校务委员会制度［EB/OL］.（2013–03–20）［2022–05–26］.http://www.moe.gov.cn/jyb_xwfb/moe_2082/s7081/s7290/201303/t20130320_149035.html.

③ 教育部关于印发《全面推进依法治校实施纲要》的通知［EB/OL］.（2012–12–03）［2022–05–26］.http://www.moe.gov.cn/srcsite/A02/s5913/s5933/201212/t20121203_146831.html.

积极完善校务委员会的组建，设立校务委员会章程，明确校务委员会的权利与义务，促进校务委员会的产生与运行。

4.加强民主管理体系构建

现代教育制度的构建要求中小学校在党组织领导的基础上构建民主管理体系，这是协调学校领导、教师、学生与家长等多元主体复杂利益的必然选择。学校民主管理体系中的组织形式主要包括以下几种：第一，教职工代表大会（以下简称教代会）。教代会是在学校党组织领导下进行工作的。学校党组织是起政治核心作用的，一般不能干涉校长的工作，但可以通过教代会审议校长的工作、学校的发展规划、经费预算决算、教育教学改革方案、教职工奖惩办法和教职工福利待遇方案等重要规章制度，配合上级领导机关对校级领导进行评议，利用教代会对学校中层领导干部进行评议、考察。[①] 第二，学生委员会。中小学校的学生委员会是代表广大学生利益，实行组织自主管理的组织机构。第三，专家委员会。专家委员会是学校邀请教育领域专家学者组成的负责对学校发展问题进行外部咨询建议的组织机构。第四，家长委员会。家长委员会是由本校学生家长代表组成，代表全体家长参与学校民主管理，支持和监督学校做好教育工作的群众性自治组织，是学校联系广大学生家长的桥梁和纽带。因此，党组织领导的中小学管理应在贯彻党组织全面领导、坚持校长负责制的基础上，努力加强学校民主管理体系的构建。

（五）强化监督制约机制建设

强化监督制约机制建设是党组织领导的中小学管理体系中不可缺少的一个重要环节，严格规范的监督制约机制有利于保障党组织领导的中小学管理的透明性与公正性，也是有效回应复杂主体对学校管理日益关注的必要选择。

1.充分发挥党组织的监督制约功能

中小学校党组织对于学校管理活动的开展具有广泛的监督制约功能。

---

① 王斌.对中学实行校长负责制后教职工代表大会作用的探讨［J］.陕西师范大学学报（哲学社会科学版），2000，（S1）：32-35.

2016 年 6 月 29 日，由中央组织部和教育部联合印发的《关于加强中小学校党的建设工作的意见》对于学校党组织的监督制约功能进行了阐述，规定：中小学校党组织"领导学校党的纪律检查工作，落实党风廉政建设责任制，严格执行《中国共产党廉洁自律准则》《中国共产党纪律处分条例》等规定，加强对违纪违法问题的预防、监督和查处"[①]。中小学校党组织对于学校管理的监督制约具有以下特征：第一，全面性。学校党组织对于学校管理的监督制约并不局限于某一环节或某一领域，而是广泛、全面地监督制约，既包括学校管理活动的设计、组织与实施，又包括党建工作、教育教学与财物使用等多重领域。第二，规范性。学校党组织对于学校管理的监督制约并不是随意的，而是严格按照教育法律与学校章程等，来进行规范性的监督制约。第三，公开性。学校党组织对于学校管理的监督制约，无论是监督制约的过程，还是监督制约的结果，都应向学校师生与社会公众进行公布，以凸显其透明性与公正性。

2. 完善党组织内部监督制约制度建设

中小学校党组织应首先完善其组织内部监督制约制度的建设，以保障其组织先进性与廉洁性。中小学校党组织内部监督制约制度的建设应注意以下问题：第一，中小学校党组织内部监督制约制度的建设并非无章可循，而是应该严格依照《中国共产党党内监督条例》的基本要求，并结合学校发展现实，进行实施。第二，中小学校党组织内部监督制约的对象包括以学校党组织书记和校长为代表的全体党组织成员，以党组织书记和校长为代表的干部队伍是学校党组织内部监督制约的重点对象。第三，中小学校党组织内部监督制约的具体内容包括能否严格贯彻执行党的教育方针，能否完成党组织分配的工作任务，能否贯彻执行党的民主集中制，能否全心全意为师生服务，能否保持自身廉洁自律等。第四，中小学校党组织内部监督制约制度包括学校重要事项由党组织成员集体讨论决定，在党员中实行民主评议，学校领导定期将学校重要情况向学

[①] 中央组织部、教育部党组印发《关于加强中小学校党的建设工作的意见》[EB/OL].（2016-09-30）[2022-05-29].http://www.moe.gov.cn/jyb_xwfb/gzdt_gzdt/s5987/201609/t20160930_282770.html.

校党组织、教代会报告等多种形式。

3.加强党组织外部社会监督机制构建

除完善党组织内部监督制约制度外，构建党组织外部社会监督机制也是党组织领导的中小学管理体系中的重要环节。中小学校党组织应建立外部社会监督机制，充分发挥社会监督作用，进一步加强教育工作作风建设，规范办学行为，努力办人民满意的教育，办家长放心、学生安心的学校。首先，完善社会监督相关制度。中小学校党组织应在学校章程中阐明社会监督相关权力与职责，并构建完善的社会参与、领导报告与评估监督相关制度。其次，努力建立一支由学校教师代表、学生代表、家长代表、政府代表和社会监督员等广泛参与的社会监督组织，多层次、多角度规范、约束和保证学校校长职权的行使，对学校的人事招聘、财务预算、建设项目、工作计划等各项事务进行审议、咨询，定期听取校长对学校工作的全面总结，对学校校长的工作进行评估和监督。最后，完善社会监督的反馈机制。外部社会在对学校工作进行评估和监督后，务必要及时向学校党组织反馈想法和意见，学校党组织要针对修改意见进行工作检讨，并形成规范性的改善计划，加以实施并及时公布。

第四章　党组织领导的中小学行政管理

一、新时代中小学校党组织与行政的关系

（一）中小学校党组织全面领导学校工作

2018 年 9 月 10 日，习近平总书记在全国教育大会上强调："加强党对教育工作的全面领导，是办好教育的根本保证。"推动建立中小学校党组织领导的校长负责制是党中央立足新时代加强党对教育工作全面领导作出的重要部署，是改革完善中国特色现代学校治理、提高中小学治理能力和办学水平的重要举措。全面贯彻党的教育方针、落实立德树人根本任务、推进教育高质量发展，促进教育优质均衡，办人民满意的教育，是中小学校党组织的重要使命。在中小学校党组织领导的校长负责制的推进过程中，要把政治标准和政治要求贯穿办学治校、教书育人全过程各方面，坚持为党育人、为国育才，保证党的教育方针和党中央决策部署在中小学校得到贯彻落实。建立起支持学校党组织讨论决定学校重要问题、重大事项，履行好把方向、管大局、作决策、抓班子、带队伍、保落实领导职责的组织体系、制度体系和工作机制，保证党的路线方针政策和上级党组织的决定不折不扣得到贯彻执行。解决好"为谁培养人、培养什么人、怎样培养人"这个根本问题。在实践工作中，中小学校党组织可以从三大方面来实施对学校工作的全面领导。

1. 把方向和管大局

新时代，中小学校党组织全面领导学校工作，要不断增强党组织的政治功能，充分发挥政治核心作用。着力构建"五育融合"的高水平课程体系和一体化育人体系，致力于培养德才兼备的高水平教师队伍，致力于培养学生的核心素养，形成全员、全过程、全方位育人的大格局，着力培养德智体美劳全面发展的社会主义建设者和接班人。

（1）牢牢把握社会主义办学方向

教育的职能是根据一定社会的要求，传递社会生产和生活经验，促进人的全面发展，实现受教育者从自然人向社会人的转化，培养社会发展所需要的人才。教育是以对人的身心发展产生影响为直接目标的，它具有上层建筑和生产力双重性质，有为发展经济服务、传递文化和促进人的发展等功能。教育的一切行为，其落脚点都在"培根铸魂、启智润心"。新时代，教育要立足于其独特的历史坐标之上，党和人民事业发展需要一代代中国共产党人接续奋斗，必须抓好"后继有人"这个根本大计。学校党组织要旗帜鲜明地将党的领导贯穿于办学治校、教书育人的全过程。每个学校都要结合自身实际，有效完善学校内部治理，提高科学决策、民主决策、依法决策质量和水平。制定并不断完善学校章程，依法依规治理学校，不断提高教育教学质量，为实现中华民族伟大复兴作出贡献。加快推进教育现代化、建设教育强国、办好人民满意的教育，保证学校各项工作贯彻落实到位，有实效、有特色、不跑偏，切实把握好社会主义办学方向，切实把握好"为谁培养人"的问题。

（2）牢牢把握意识形态领域的领导权、管理权和话语权

教育系统是意识形态工作的重要领域和前沿阵地，社会上各种不同的思想、观点在这里交融、交锋，境内外敌对势力在这里同我们争夺人心、争夺师生，呈现出形势复杂、斗争日益激烈的状态。

在中小学校内部，由于长期受应试教育的影响，学校教育在很大程度上热衷于教学生如何记住更多的知识、如何通过重复刷题的方式在各类考试中获取超越他人的卷面分数，如何出人头地、如何走捷径获得事业成功的"工具型人才"培养模式大行其道。特别是大数据和人工智

能的飞速发展,"校外培训""快餐式阅读""游戏中沉迷""抖音里看世界""自媒体上猎奇"已经成为相当一部分青少年不能自拔的学习和生活的一部分,也成为他们形成自己的政治观点、价值取向的主要渠道。所以,本应属于常识、本分、初心、梦想的教育自然被不经意间忽视了。学校意识形态教育被不自觉地淡化、弱化、虚化、泛化了,学生受新媒体多元价值观的影响在不断扩大。积极向上、和谐的校园文化对学生的提示、启发、规范、教育、管理和滋润功能在不断减弱。中小学生的学习兴趣被考试的分数和排名的异化解读所压抑,对自然奥秘、宇宙星空、发明创造的好奇心和探索真理的愿望被扼杀。很长一段时间内,中小学生家长被不良培训机构的资本营销手段裹挟,学校和社会的教育生态被严重破坏,全社会尤其是家庭对教育的焦虑达到了前所未有的严重程度。如果我们继续漠视意识形态教育,任由新自由主义、历史虚无主义、极端个人主义、拜金主义腐蚀青少年一代,中华民族的未来、国家前途将堪忧。

2018年8月,习近平总书记在全国宣传思想工作会议上指出:"建设具有强大凝聚力和引领力的社会主义意识形态,是全党特别是宣传思想战线必须担负起的一个战略任务。"习近平总书记关于宣传思想工作的重要论述掷地有声地对新时代党的意识形态工作目标、任务作出了战略性规划。而要建设具有强大凝聚力和引领力的社会主义意识形态,当然离不开学校教育,尤其是中小学意识形态教育。2019年4月30日,习近平总书记在纪念五四运动100周年大会上的重要讲话中指出:"新时代中国青年要自觉树立和践行社会主义核心价值观,善于从中华民族传统美德中汲取道德滋养,从英雄人物和时代楷模的身上感受道德风范,从自身内省中提升道德修为,明大德、守公德、严私德,自觉抵制拜金主义、享乐主义、极端个人主义、历史虚无主义等错误思想,追求更有高度、更有境界、更有品位的人生,让清风正气、蓬勃朝气遍布全社会!"中小学校党组织必须加强对校报、校园网站、微信公众号、大屏幕、宣传展板、板报等的管理,安排分管宣传工作的干部对学校各种宣传媒体的政治性和政策性进行严格审查把关,加强舆论引导和舆论管控。

（3）牢牢把握在新时代校园文化中落实立德树人的根本任务

文化是一个国家、一个民族的灵魂。校园文化是社会主义先进文化的重要组成部分。新时代校园文化建设是引领学校内涵发展的重要力量，是学校发展历史、价值追求、精神面貌、特色灵魂和核心竞争力的集中体现，是关系学校内涵发展、创新发展和可持续发展的内在动力。中小学生的身心处于逐渐形成、不断发展的特殊阶段，他们对社会还没有形成合理正确的认知，学校需要根据不同学段的学生在知识学习、生理和心理等各方面的发展特点，通过建立和谐的校园文化，潜移默化地滋润学生的心灵，协助学生确立起积极向上的价值观、世界观和人生观，做好培根铸魂工作。也就是说，和谐的校园文化在影响和促成学生形成正确的认知和行为方面，是其他教育手段无法具备、不可取代的重要功能。

办学理念是校园文化的精神内核，表达了学校教育对核心价值的追求及对未来的期待，包括核心价值观、育人目标、办学目标和校训四方面内容。一所学校的育人目标是学校培养人的基本出发点与最终归宿，直接决定着学校对学生培养的基本方向。确立一个恰切的育人目标，对学校育人工作的开展具有导向性意义。校训是对全校师生行为共同起规约作用的文化凝练，与社会主义核心价值观一样，是最能体现学校文化个性和身份认同的部分。

课程文化是校园文化的重要组成部分，是学校发展的核心竞争力，学校课程的品质直接决定了学生的品质和人格的养成。学校课程设置要立足立德树人根本任务与德智体美劳协同发展的实践需求，同时注重学科核心素养的落实，既能服务于国家教育战略意图，又能展现学校独有的文化特色。

课堂是学校教育的主阵地，课堂文化是在长期的课堂教育教学实践活动过程中逐渐形成，并由师生自觉遵循和奉行的，是学校的价值取向在课堂活动中的具体体现，是校园文化的基础载体。在新时代强调课堂教学要以激励的方式唤醒学生求知的欲望，倡导基于大概念的单元整体教学设计，引领学生自主、合作、探究和创造性地学习，培养学生健全人格。

教师文化是教师的价值观念及行为规范。教师的资历、社会背景及社会化过程不同，其价值观念、行为方式及对教育工作的影响也不同。教师在校园文化的建设中起着承上启下的主体作用，他们既是校园文化的创造者、实践者和传承者，也是校园文化的受教育者和受益者。教师文化建设在校园文化建设中起着举足轻重的作用，当校园文化的核心价值观内化于教师个人价值观，使教师个人价值的体现与学校战略目标的实现结合起来时，教师的文化就能起到引导、熏陶学生文化发展的作用。

学生文化是一种在吸收成人文化过程中不断生成和发展的动态的生活方式，它不断受到学生自身及其同辈群体、学校教育、家长和社会等方面的影响，不断吸收着成人世界的内容。可以说，学生文化是在学生接受社会主流文化的过程中形成的，是个人接受社会规范、行为准则、价值观念等文化传统的社会化过程，也是文化从一代人传到另一代人的潜移默化过程。

因此，新时代中小学校党组织必须坚定地将党的教育方针贯穿于办学理念、育人目标、办学目标、校训、校歌、校风、教风、学风，课程文化、课堂文化、教师文化和学生文化之中。将培根铸魂和启智润心的使命转化为具体的育人实践工作，站在为党育人、为国育才的高度，下大力气、花大功夫，将红色革命文化、中华优秀传统文化的遗传基因根植于和谐的校园文化之中，以增强学生抵制错误和腐朽思想的能力。让学生在和谐校园文化氛围的陶冶下，在潜移默化中提高自身的思想品质和道德素质，做到不盲从、不跟风，增强自控能力，加强自我修养。

（4）牢牢把握在学科教学中教书育人的大方向

中小学校要组建校内外相结合的专家团队，依靠全体教师的集体智慧，整合校内外各种资源，构建高水平的课堂教学体系、课程体系和教学评价体系。特别是学校领导干部和党员教师要加大对新时代课堂教学研究的力度，在课堂教学中充分发挥引领和骨干带头作用。要通过情景化、结构化和活动化的教学设计，以及一系列高质量的问题链，激活学生思维，引导学生体验科学探究的过程、学习科学研究的方法、感悟科学家精神、落实学科核心素养，激励学生在实践中创新成长，将立德树人落实到每一门学科的课堂教学实践过程中。保证教育教学质量的全面提升，追求更具质量、更具公平的教育，引导全体师生更好地认识自我，将个人的理想和人生目标与中华民族伟大复兴事业联系起来，使党组织在中小学校教育教学实践这个主阵地中把握好教书育人的大方向，切实解决好"培养什么人"的问题。

【工作案例】

互融共通，增强思政课育人实效 ①
——北京十二中联合总校思想政治课程建设工作汇报

北京十二中联合总校以习近平新时代中国特色社会主义思想为指导，认真贯彻习近平总书记在学校思想政治理论课教师座谈会上的重要讲话精神，落实中共中央办公厅、国务院办公厅《关于深化新时代学校思想政治理论课改革创新的若干意见》，中宣部、教育部《新时代学校思想政治理论课改革创新实施方案》，发挥思政课立德树人关键课程作用。

一、课程理念的一致性

联合总校在思想政治课程建设中，始终秉持"同形·同构·同质"的集团化办学思路，在联合总校李有毅校长的带领下，致力于打造十二年一贯的思政共同体，搭建学段内部协调、上下衔接的学科组织结构，形成优势互补、资源共享、信息融通、教研联合、课程整合的高品质思政课程体系。

联合总校依据相关文件精神，对小初高思政课程目标进行设计，聚焦思想政治学科核心素养，围绕学校"求真·崇善·唯美"的育人目标，整合国家课程与校本课程，形成基础课程、品牌课程、拓展课程系列课程群。

---

① 本案例为作者于 2022 年 3 月 17 日在北京市丰台区深化新时代思政课改革交流线上研讨会上的发言稿。

二、课程体系的贯通性

打造以"通"为特点的一体化育人目标体系，实现不同学段学生连续性、递进性成长。高中阶段开齐开足"思想政治"课程，开发与国家课程紧密呼应又有所扩展的校本课程，实行以等级层次教学班为单位的学部制选课走班课程，重在提升学生的政治素养。初中阶段开齐开足道德与法治课程，注重培养学生的道法判断能力，通过教材内容整合、社团联合培养、初高中联合教研研究课例等方式推进初高中教学衔接。小学阶段在开齐道德与法治课程的同时，研发《跟着太阳走一年》《我的家在中国》《卢沟笔记》《八气修身》等课程，从行走中理解中国文化，培养家国情怀，为学生思想政治素养奠定情感基础。

根据博采众长、为我所用的原则，立足各学校办学特色，形成多样的校本课程，打通不同学科之间、家校社之间的协同育人途径。钱学森学校邀请中国运载火箭技术研究院专家，面向钱校和各校区钱学森实验班学子，开设科技课程和航天精神人文课程，创新思政课程育人方式。科丰校区"模拟人大社团"逐步发展为丰台区"模拟人大"联盟，有10所学校参与其中，以提出议案、召开"模拟人大"会议的形式，引导和带领学生了解如何立法、如何完善社会法律和学校规章制度，从而培养学生的立法观念、守法意识。南站学校以定格动画为主要形式，将3D打印和视频制作等技术手段融入绢人工艺非遗文化课程，在感受传统文化魅力的同时，开发学生的创新思维、培养工匠精神。

三、课时实施的系统性

思政课程实施凸显"融"的特点，将法治教育、劳动教育、总体国家安全观教育、公共卫生安全教育等内容全面融贯到思政课程体系，在学科教学、德育实践、学校文化、家校社共育中深入融合，课程开发、组织、实施和评价主体广泛统整学校党政领导、思政教师、学科教师、家长代表和社会资源等。

思政课程建设成效最终取决于一支高素质、专业化的教师队伍。

联合总校邀请专家聚焦新课改背景下的教学实践等内容进行研讨和交流，从教、学、研、考等维度进行全方位培训。定期开展跨校区联合教研和备课组教研活动，加强教材重点难点的研究，重视教案编写、案例整理等工作，将教材体系进行实践性转化。以议题式教学为主，从生活情境出发引发探究性问题，在"感性认识—深度探究—价值辨析—深化理解—内化践行"的环节设计中，开展深度教学，助力思维品质的提升。在教学过程中引入智能平板、智慧课堂系统等信息化技术，增强互动性和趣味性，提高课堂实效。

四、育人成效的示范性

联合总校思政课建设成效显著，形成了鲜明特色和典型经验，在全市中小学思政课领域有较大影响力。学校荣获首批"北京市中小学思政课示范基地校"，科丰校区《"模拟人大"学生社团构建与实施的研究》课题荣获丰台区教育科学规划资助项目，附属实验小学《卢沟笔记》课程荣获2021北京市研学旅行课程开发成果一等奖，钱学森学校辩论队勇夺第七届北京市中小学辩论赛冠军，南站学校学生的绢人动画作品在国家级动画大赛上荣获一等奖，并荣获首届北京市中小学文创大赛初中组金奖，朗悦学校辩论队荣获第三届北京中学生时事辩论赛优秀辩论队称号。

在北京市德育研究会主办的"一体构建德育生态园·纵横融合共育家国情"德育课程一体化建设现场会，联合总校思想政治教研组以《生态持续发展战略》为主题进行不同学段的同课异构教学。本部校区模拟政协社团同学提交的"关于进一步落实新冠肺炎隔离政策的提案"被北京市政协委员、丰台区人大常委会副主任张婕带上北京市两会。

未来，联合总校将进一步完善幼小学段课程建设，遵循整体构建、有序衔接、依次递进的建设思路，丰富和完善幼小初高一体化德育的课程体系，细化不同学段的课程内容和目标。联合总校党委将进一步加强对学校思政课的统一领导，切实加强各校区思政课程建设的统筹，进一步提高思政课育人实效，为党育人，为国育才。

【案例分析】

从北京十二中联合总校思想政治课程建设工作汇报中可以看到：

一是联合总校党委认真贯彻习近平总书记在学校思想政治理论课教师座谈会上的重要讲话精神，加强对学校思政课的统一领导，切实加强各校区思政课程建设的统筹，进一步提高思政课育人实效。

二是联合总校党委着力打造以"通"为特点的一体化育人目标体系，实现不同学段学生的连续性、递进性成长。对小初高思政课程目标进行一体化设计，聚焦思想政治学科核心素养，围绕学校"求真·崇善·唯美"的育人目标，整合国家课程与校本课程，形成基础课程、品牌课程、拓展课程系列课程群。

三是联合总校党委致力于打造十二年一贯的思政共同体，搭建学段内部协调、上下衔接的学科组织结构，形成优势互补、资源共享、信息融通、教研联合、课程整合的高品质思政课程体系。

四是在联合总校党委的统一领导下，思政课建设成效显著，形成了鲜明特色和典型经验，在全市中小学思政课领域产生了较大影响。

（5）牢牢把握在管控全局中落实立德树人的根本任务

新时代中小学校党组织统一领导学校工作，必须从贯彻党的教育方针、遵循教育发展规律和人才成长规律办学三方面管控大局：要着眼于未来发展对青少年应具备的基本素质的需求，包括理想信念、爱国情怀、道德品质、知识见识、奋斗精神、综合能力等；要着眼于青少年应具有的精神状态，包括坚定、自信、奋进、担当等；要着眼于青少年所担负的在新时代实现中华民族伟大复兴的历史重任。按照"统揽全局、协调各方"的原则开展工作。党组织统一领导学校党建、行政、学术、民主党派、群团等各方面工作。要有整体和全局观念，既能把控学校发展的全局，又能妥善处理更大范围全局与学校的关系，防范化解风险矛盾。

（6）牢牢把握在开放办学中实现协同育人的机制

中小学校园不是封闭的空间，尤其是随着网上学习、线上教学等教学方式的发展，学生自主学习和自我教育意识不断增强。这对学校教育提出了严峻的挑战，特别是对立德树人根本任务的实现提出了更高的要求。

随着信息技术的发展，人的学习方式和学习内容，以及人才的成长方式发生了革命性的变革。创新人才的培养工作是"开放复杂的系统工程"，中小学校党组织要充分发挥"综合集成厅"作用，将学校、家庭和社会（社区）组建成各种形式的协同创新中心，全面统筹各领域、各环节、各方面的育人资源，共同筹划，构建学校、家庭、学生、社会"四位一体"的育人机制，改革学校管理体制和运行机制，把我们的特色和优势有效转化为培养社会主义合格建设者和可靠接班人的能力。

【工作案例】

贯彻落实区党代会精神，推进基础教育高质量特色发展①

2021年12月8日，北京一零一中学党委召开干部全体会议，贯彻落实中国共产党北京市海淀区第十三次代表大会精神。党委书记熊永昌传达第十三次党代会精神，详细解读党代会报告的重点和亮点。校长陆云泉发表讲话，动员大家深入学习党代会精神，结合会议精神做好教育教学工作。学校中层及以上干部参加了会议。

熊永昌书记介绍了本次党代会的重要性。这是在全面建设社会主义现代化国家的开局之年，在海淀发展深刻转型的重要时期，召开的一次十分重要的会议。本次会议具有"站位高""创意新""有特色""作风实""规划亮"等特点。他从过去五年海淀区取得的历史性成就，开启现代化强区高品质海淀新征程，建设现代化高能级城市和现代化魅力城市，以及高质量党建凝聚海淀建设的磅礴伟力

---

① 北京一零一中教育集团. 贯彻落实区党代会精神，推进基础教育高质量特色发展［EB/OL］.（2021-12-08）［2022-05-26］.https：//www.beijing101.com/school/getNavigationArticle.do?articleId=d99dd90b-bbca-4451-8ed5-fc4b494b522a&navigationId=81dc6e0e-ca00-4a15-b969-2078c0f7911a&schoolId=587bb213-aab9-415d-b129-b629de3718e8.

等方面，为与会人员进行详细解读。

陆云泉校长为全体党员干部作了学习动员。他指出，党代会精神具有引领性作用，将指引学校教育下一个五年的发展方向。他要求党员干部和老师们，在学习党代会精神时，站在更高层面、从更高远的角度，思考未来五年如何让教育的发展贴合党和国家发展的需求；树立党员的模范带头作用，凝心聚力、团结一致，发挥"功成不必在我，功成必定有我"的责任精神，推动学校教育发展；立足当下"双减"工作，推动学校创新人才培养，上好每一堂课、教好每一个学生，为"转变育人方式、提高育人品质"的目标而努力。

当天，北京一零一中学党委组织中学生党校学员代表召开专题会议，熊永昌书记全面细致地传达了海淀区第十三次党代会精神，校团委郭院丽书记对党校学员代表提出了殷切希望。熊书记要求学校党校学员代表主动深入贯彻大会精神，发挥中学生党校带头人先锋模范作用，始终担当作为；党校学员群体要为群众学生树立典范，时刻牢记党、国家和时代的要求。

【党员干部学习体会选】

教育是海淀金名片，直接关系到千家万户。作为一名海淀基层教育工作者，我们要不忘初心、牢记使命，为建成高质量教育体系，促进教育公平、优质、均衡、特色发展水平迈上新台阶尽自己的微薄之力。

——郭院丽

在未来工作中，我会从更高的站位理解教委和政府部门要求完成的任务；关注国家的方针、政策，从前瞻、育人的角度出发，把翔宇学院学生发展指导课程不断完善并付诸实施；切实关心教师、学生的需求，从实际可实施、实践有育人的价值角度出发，推进翔宇学院的具体工作。

——杨双伟

通过学习党代会精神，今后我将从更高的站位、更全面的角度理解政府和教委的目标和方向，加强对国际部学生德育培养需求的思考研讨，关注国家的方针、政策，不断更新教育观念，使国际部学生发展培养体系不断完善并取得好的德育效果。

——王　蓝

【学生学习体会选】

报告关注未来规划，"站位高、创意新、有特色、作风实、规划亮"。这五点体现了共产党人卓越的领导能力、创新能力和全心全意为人民服务的根本宗旨。作为共青团员，我们要学习党员的奋斗精神，准备好接住发展的接力棒，当好合格的后备军。

——高二刘梓晗同学

过去五年，海淀区的多项成就让我深感骄傲，也让我在心里暗下决心，要继续好好学习，打下深厚的基础，为海淀区的进步而努力，为建设具有国际化科技创新水平以及教育高水平的海淀出一份力。

——高二王曼晨同学

【案例分析】 ————————————————————————————

从以上案例可以看出：

一是摆正关系、职责清晰。北京一零一中学党组织把握学校工作的大方向，学校行政切实贯彻落实党组织的决议。学校党委书记和校长密切配合，贯彻落实上级党组织代表大会精神，引导学校高质量特色发展。党委书记传达海淀区第十三次党代会精神，详细解读党代会报告的重点和亮点。校长发表讲话，动员大家深入学习党代会精神，结合会议精神做好教育教学工作。他要求党员干部和老师们，在学习党代会精神时，站在更高层面、从更高远的角度，思考未来五年如何让教育的发展贴合党和国家发展的需求，为海淀区的社会文明进步和经济发展作出贡献；树立党员的模范带头作用，凝心聚力、团结一致，发挥"功成不必在我，功成必定有我"的责任精神，推动学校教育发展；立足当下"双减"工作，推动学校创新人才培养，上好每一堂课、教好每一个学生，为"转变育人方式、提高育人品质"的目标而努力，将上级党组织的精神落实到教书育人的每一个环节。

二是根据学校实际，采用分层次贯彻落实，提高工作效率。会议分为学校中层及以上干部会和中学生党校学员代表会。在学生党校学员代表会上，党委书记全面细致地传达了海淀区第十三次党代会精神，学校团委书记对党校学员代表提出了殷切希望。由于学校规模大，采用分层次贯彻落实的策略，提高了工作的针对性、实效性。这充分体现了学校党组织对学校工作的全面领导，保证了上级党组织的精神和要求得到学校干部、教师、学生的充分理解、领会，并转化为全校师生的工作和学习动力。

【 工作案例 】

天津市南开中学举办骨干教师学习研讨班①

2021 年 8 月 23 日，南开中学骨干教师学习研讨班紧紧围绕"深入学习贯彻习近平总书记在庆祝中国共产党成立 100 周年大会上的重要讲话精神，牢记为党育人、为国育才使命，传承南开中学的公能精神，凝心聚力，加快推进南开中学高质量发展"这一主题，按计划如期举行。参加学习研讨班的有南开中学校级领导班子全体成员、中层干部、年级正副主管、学科正副主管、财务主管、支部正副书记、工会委员和民主党派负责人近 60 人。研讨班由校党委书记李轶主持并作开班讲话。

研讨班上，刘浩校长以《把握形势 抓住关键 推进南开中学高质量发展》为主题进行了发言；而后，人事办公室周晓主任就《天津市南开中学岗位设置工作实施办法》进行了详细解读；李轶书记就本次研讨会的主要研讨内容——《天津市南开中学"十四五"规划》《天津市南开中学章程》分别进行了相关说明。研讨班成员围绕

---

① 天津市南开中学举办骨干教师学习研讨班［EB/OL］.（2021-08-30）［2022-05-26］.http: //www.nkzx.cn/viewsNewsDetail.do?id=15686.

研讨主题，结合研讨内容积极交流，为学校的发展建言献策。

【案例分析】————————————————————————

从以上案例可以看出：

南开中学主题骨干教师学习研讨班按计划如期举行，南开中学党政校级领导班子全体成员、中层干部、年级正副主管、学科正副主管、财务主管、支部正副书记、工会委员和民主党派负责人近60人参加了本次研讨班。

研讨班由校党委书记主持并作开班讲话。校长以推进南开中学高质量发展进行了主题发言；人事办公室主任就学校岗位设置工作实施办法进行了详细解读；书记就《天津市南开中学"十四五"规划》和《天津市南开中学章程》分别进行了相关说明。这样的程序清晰呈现了"党组织全面领导"与"校长全面负责"的关系，以及党政密切配合推进学校高质量发展。

南开中学党政领导班子坚持党组织全面领导学校工作，认真学习贯彻习近平总书记重要讲话精神，牢记为党育人、为国育才使命，团结一心、分工合作、各司其职、密切配合，传承南开中学的公能精神。校长用推进学校高质量发展这个明确的奋斗目标凝心聚力，书记通过对《天津市南开中学"十四五"规划》的解读，让学校全体党政干部、工会和民主党派负责人都了解了学校的发展规划、实施路径；明确了各部门和各组织的任务和职责；通过对《天津市南开中学章程》和《天津市南开中学岗位设置工作实施办法》的详细解读，让大家都理解了学校发展的方向、决策、管理和协调机制，为学校的发展建言献策。在工作实践中充分发挥学校各级领导干部和骨干教师的模范带头作用，团结带领全校教职员工为学校的高质量发展作出贡献。

通过骨干教师学习研讨班的形式为《天津市南开中学"十四五"规划》和《天津市南开中学章程》建言献策，与时俱进，依法依规提升学校现代化治理水平，加快推进南开中学高质量发展。这是充分依靠学校干部班子和骨干教师的聪明才智、科学民主、依法依规治校的创新之举。这充分说明，南开中学党组织和学校行政领导班子团结一心、协调配合，带领全校教职员工将国家发展的需求、学校的历史积淀和未来发展的需求进行有机结合，将"党组织对学校工作的全面领导"和"校长对学校工作的全面负责"落实到具体实践中，牢牢掌控学校的发展方向和大局。

2. 作决策和保落实

作决策和保落实的核心要求中小学校党组织坚持科学决策、民主决策、依法决策，并构建决策—执行—监督的多重制度支持系统。健全议事决策制度和党政协调运行机制是中小学校崭新领导体制的重点和难点。事关学校改革发展稳定及教育教学、行政管理中的"三重一大"（重大决策、重要干部任免、重大项目安排、大额度资金使用等）事项和《学校章程》等基本管理制度都要按照集体领导、民主集中、个别酝酿、会议决定的原则，由党组织会议集体讨论作出决定。只有开对会、开好会，才能作出正确的决策。

（1）开对会

开对会，就是要依法依规开会，保证会议合法合规。在中小学校的具体实践工作中主要有四种会议，即党组织会议、校长办公会议（校务会议）、教职工代表大会和全体教职员工大会。

①学校党组织会议

学校党组织会议是学校党组织讨论决定学校重大问题，包括"三重一大"事项，以及校长办公会议提交学校党组织讨论决定的事项等会议，充分体现党组织对学校工作的全面领导作用。

党组织会议由党组织书记召集并主持，不是党组织班子成员的行政班子成员根据工作需要可列席会议。会议议题由学校领导班子成员提出，党组织书记确定。会议应当有半数以上党组织班子成员到会方能召开；讨论决定干部任免等重要事项时，必须有三分之二以上党组织班子成员到会。

②校长办公会议（校务会议）

校长办公会议（校务会议）是学校行政议事决策机构，校长办公会议应当充分发扬民主，广泛听取意见，提高决策的科学性、民主性、有效性。研究提出拟由学校党组织讨论决定的重要事项方案，具体部署落实党组织决定的有关措施，研究处理教育教学、行政管理等工作。具体内容有：

拟由学校党组织会议讨论决定的重大决策、重大项目安排和大额度资金使用方案，贯彻落实学校党组织会议决定的有关措施。

学校内部教育教学管理组织机构设置方案，重要规章制度的制定修订。

教师队伍建设、学科（专业）建设、课程建设、教材选用使用、校园文化建设等学校内涵发展的重要工作规划，重要规章制度等。

深化教育教学改革、招生考试改革、加强教育教学管理、开展教育教学研究及成果转化等相关工作。

学生德育、智育、体育、美育、劳动教育和心理健康教育，学校思政课创新，及教学质量提高，学校文化活动和科学普及活动的组织开展等工作。

教师等各类人才日常教育管理服务工作，教师以及内部其他工作人员聘用合同的订立、解除或终止。

学校重大建设项目、重要资产处置、重要办学资源配置方案的落实，管理和保护学校资产。

学校年度预算、大额度支出、财务管理和审计监督等事项。

学校一定额度范围内资金使用问题（具体额度由学校党组织会议根据实际情况确定）。

学校日常行政事务、后勤日常运行保障、学校安全稳定和突发事件处理、信息化日常工作和维护、社会服务等行政管理工作。

国内国（境）外交流、合作等重要项目。

需由校长办公会议讨论决定的其他事项。

会议由校长召集并主持。会议成员一般为学校行政班子成员，不是行政班子成员的党组织班子成员可参加会议。会议议题由学校领导班子成员提出，校长确定。会议应当有半数以上行政班子成员到会方能召开。校长应当在广泛听取与会人员意见基础上，对讨论研究的事项作出决定。

③教职工代表大会

教职工代表大会是中小学校在党组织领导下实行民主管理的基本形式和基本制度，是教职工参与学校民主管理、进行民主监督和保证教职工能正常行使合法权益的基本组织形式。

教职工代表大会由教代会委员会在学校党组织的领导下，按照章程规定规范召开。一般由工会主席主持。主要内容有：

一是听取校长的工作报告，讨论通过学校的办学指导思想、发展规划、重大改革方案、教职工队伍建设及其他有关学校发展的重大问题，并提出意见和建议。

二是审议学校提出的聘任实施方案、考核办法、奖惩规定以及其他与教职工权益有关的重大规章制度。审议学校及工会经费的收支情况。

三是评议、监督学校领导干部，参与民主推荐学校行政领导人员的人选。

四是校长必须定期向代表大会报告工作，听取意见，认真对待教职工代表大会的决议和提案，尊重和支持教职工代表大会行使民主管理和民主监督的权利。

五是教职工代表大会要尊重和支持校长及行政系统依法依规行使行政管理的职权，协助校长及行政系统开展工作。

④教职工大会

教职工大会是学校党组织或校长根据学习或工作需要，定期或不定期召开的全体教职工参加的大会。根据会议的内容，会议由学校党组织或学校行政领导主持。其主要内容有：

一是政治学习，及时宣传讲解党和国家的方针、路线、政策及重大会议精神、国内外形势发展等。

二是学校整体工作部署、课程教学改革工作推进和检查、工作总结和表彰等。

三是有关学校各种重大事项情况及其处置过程和结果等的通报。

（2）开好会

开好会，就是要明确目标、全面调研、充分酝酿，在协商和讨论的基础上进行科学决策，作出决定。

①开会前：明确会议类型和主题、确定会议目标、参加会议的人员、时间、地点、会议资料、会议议程以及会场设备的准备和调试等。特别是学校党组织会议和校长办公会议召开之前，书记和校长一定要充分沟通、交流、协调，对会议的主题和内容达成共识后，才能召开会议。

②召开会议：第一，要端正会风。书记和校长明确自身的权力与职责，不做超越自身权力的事，严格履行自身的职责，同时鼓励党组织成员积极参与，主动发表意见，互相交流学习，民主协商，培养个别酝酿的良好氛围。第二，要强化责任。班子所有成员都应树立主人翁和服务者的意识，增强履行职责的能力，将主动参与和积极贡献作为实现自身价值的最佳选择，讲真话、讲实话、讲实情，反映教职员工真实意愿，提出建议方案，积极参与学校发展方向、重大事项、重要工作的讨论研究和决策过程。对涉及干部工作的方案，在提交党组织会议讨论决定前，应当在一定范围内进行充分酝酿。对事关师生员工切身利益的重要事项，应当通过教职工大会（教职工代表大会）或其他方式，广泛听取师生员工的意见和建议。对专业性、技术性较强的重要事项，应当经过专家评估及技术、政策、法律咨询。第三，要规范决策。学校议事的基本程序是：由学校领导班子成员提出议题并就议题作汇报，列席会议的议题相关人员可作必要的解释说明，参加会议的成员根据汇报说明结合各自分工充分发表意见，在意见基本一致的基础上进行表决，形成决定，并做好准确规范的决定表述，真实记录集体讨论的情况。第四，要严明党的纪律。特别是要严明党的政治纪律和政治规矩，加强预防和监督，营造风清气正的校园政治生态。第五，要提高效率。要避免议而不决的马拉松式的低效率会议。

③会议后：要抓执行和保落实。要强化校长负责制的落实，增强学校行政管理工作的执行力。按照学校党组织集体会议和校长办公会议的

有关决定，党组织、教育教学和行政班子成员都要按照分工合作的原则，落实集体决定，切实履行领导职责。任何个人都必须服从集体的意志，防止个人专断。若会议决定的事项在执行过程中遇到特殊情况，需要变更、调整的，应当按照决策程序进行复议，增强党组织决策的权威性。

工作不是做了就是落实了，必须是做好了，有效果了才是落实。学校党组织作出正确决策后，必须用组织的力量保落实，用党员的先锋作用保落实，用严格的管理来保落实。在中小学校具体实践工作中，党组织对学校工作的全面领导的保落实，主要包含两个层面的工作：一是上级党组织和政府教育主管部门的保落实，二是学校内部治理的保落实。同时，要确保以下几个方面工作的落实。

确保教育优先发展的地位。当地党委和政府必须将教育事业摆在优先发展的地位，保证中小学校在当地社会上有恰当的话语权，将尊师重教落到实处。要努力营造人民教育人民办，办好教育为人民的良好社会氛围。

确保配齐配强学校工作力量。地方各级党委要认真履行主体责任，要根据中组部、教育部印发的《中小学校领导人员管理暂行办法》规定的任职条件和资格，认真履行领导和把关作用，配齐配强中小学校党务工作力量，落实党组织书记和专职副书记的编制职数、党务工作人员发展通道。上级党组织和政府教育主管部门要各司其职、密切配合，坚持分类指导、分步实施，稳慎推进建立中小学校党组织领导的校长负责制。可针对不同类型、不同规模的学校，统筹领导班子调整。

确保党组织的全面领导与校长的全面负责。党组织要全面领导学校一切工作，确保党的教育方针和上级党组织的决策部署在中小学校得到切实贯彻落实；同时，要切实保证中小学校校长全面负责学校的教育教学和行政管理工作。要坚持把政治标准和政治要求贯穿办学治校、教书育人全过程的各个方面，坚持社会主义办学方向，落实立德树人根本任务，团结带领全校教职工推动学校改革发展，培养德智体美劳全面发展的社会主义建设者和接班人。

确保依法依规办学。中小学校党组织领导的校长负责制既是加强基层党建的重要组成部分，又是学校理顺体制、完善机制的关键，更是党的领导贯穿办学治校、教书育人全过程的重要保障。学校章程是学校各项规章制度的"根本大法"，要在学校章程中将党和国家的教育方针、路线政策全方位落实到学校的具体工作实践之中。

确保集体领导与分工负责。党组织班子成员根据集体的决定和分工，切实履行职责，要形成"党组织领导、校长负责、教师育人、民主管理"的依法依规治理格局。

确保统一战线。学校党组织要加强对工会、共青团、妇女组织、少先队、学生会和学生社团等群团组织的领导和管理，强化党建带团建、队建，做好统一战线工作。中小学校党组织要发挥教职工代表大会和群团组织作用，健全师生员工参与民主管理和监督的工作机制，切实保证全校师生员工参与民主管理和监督，保证党组织的决策能够真正贯彻落实。

确保从严治党。学校党组织要坚持全面从严治党，领导学校党的纪律检查工作，落实党风廉政建设主体责任。学校党组织还要结合年度考核，向上级党组织规范报告执行情况。学校领导班子成员要在民主生活会、述职评议、年度工作总结中规范报告个人执行情况。按照规定实行党务公开和校务公开，严肃党的组织生活，加强对党员干部的教育管理，使党员干部在重大考验面前能挺得住，在重要任务面前能站得出，在急难险重工作面前能带头上，保证全校干部、教师和员工的清正廉洁，维护良好教育生态。

【工作案例】

南开中学召开"不忘初心、牢记使命"主题教育
领导班子成员调研成果交流会①

2019 年 10 月 25 日，南开中学领导班子成员在含英楼三楼会议室召开"不忘初心、牢记使命"主题教育领导班子成员调研成果交

---

① 南开中学召开"不忘初心、牢记使命"主题教育领导班子成员调研成果交流会［EB/OL］.（2019-10-28）［2022-05-26］.http://www.nkzx.cn/viewsNewsDetail.do?id=15470.

流会,市教育两委第二巡回指导组副组长辛岩全程督导。同时参会的还有涉及调研内容的相关处室负责人、部分支部书记、党员代表和群众代表。

会上,校级领导班子成员在李轶书记的带领下,逐一汇报了调研报告。班子成员的课题分别是:《推进南开中学爱国主义教育》《思政、历史学科育人状况调查及改进措施》《完善南开中学教师职称评定流程》《实施移动支付用餐方式》。这些调研课题立足于班子成员管理职责,聚焦于新时代教育关注的重点问题和师生密切关心的现实问题,在广泛深入基层调研的基础上确定并开展研究。这些课题详细考察了工作中的实际情况,切实为解决问题找到了方法和依据。本次会议,就是领导班子成员推进调研成果转化,着力解决重点难点问题,强化责任担当、改进工作作风的集中体现。

自2019年9月16日南开中学启动第二批"不忘初心、牢记使命"主题教育以来,学校领导班子严格落实各项要求,把学习教育、调查研究、检视问题、整改落实贯穿主题教育全过程,坚持主题教育各个环节严格不放松,注重原原本本学,努力做到融会贯通。集中研讨注重在学习中找差距,在落实中找不足,讨论气氛热烈。领导班子成员在十一前夕面向全体党员讲党课,结合共和国发展建设70年的伟大征程,充分运用习近平新时代中国特色社会主义思想指导实践,贴近自己、贴近实际、贴近师生,深入人心。领导班子成员还深入年级、学科、处室等教学一线,召开座谈会,发放征求意见表,广泛征求意见建议,不断检视问题。在这期间,班子成员参观了市档案馆"不忘初心、牢记使命"主题教育档案文献展,观看了影片《我和我的祖国》,充分利用南开中学"公能讲坛"这个特色教育资源,结合南开中学建校115周年系列活动等强化四个教育,增强主题教育的针对性、实效性和感染力,真正把主题教育落到实处。

【案例分析】

从以上案例可以看出：

南开中学党政领导班子成员在"不忘初心、牢记使命"主题教育中，在学校党组织书记的带领下，采用课题调研的形式，分工合作，深入年级、学科、处室等教学一线，召开座谈会，发放征求意见表，广泛征求意见建议，不断检视问题，详细考察了爱国主义教育、思政、历史学科育人状况、教师职称评定流程等具体工作中的实际情况，为解决问题找到了方法和依据。这些选题多为新时代教育关注的重点问题和师生密切关心的现实问题，在广泛深入基层调研的基础上确定并开展详细扎实的研究，增强主题教育的针对性、实效性和感染力，真正把主题教育落到实处。

南开中学党组织立足于班子成员各自管理职责，开展课题调研工作，为学校党组织进行正确决策提供科学真实的依据，在达成共识，作出决定后，各方协调配合着力推进调研成果转化，着力解决重点难点问题。南开中学党政领导强化责任担当，切实改进工作作风，在各自管理职责中科学作为、勇于作为、协同配合，在实际工作中共同把握好学校发展的方向。

3. 抓班子和带队伍

中小学校工作是一项特殊的育人工作，其工作对象是成长中的少年儿童，教师劳动是在课堂教学中以个体劳动为主，而其工作成果却是教师集体、学校、家庭、社会共同作用于少年儿童，并通过少年儿童的成长而表现出来的集体成果。所以，学校党组织要大力营造教师教书育人、行政管理育人、后勤服务育人、校园环境育人、家校社协同育人的浓厚氛围。畅通工作和信息反馈渠道，调动全校师生员工参与学校民主管理的积极性，不断强化全校师生员工的主人翁意识。要充分发挥领导班子、党员和骨干教师的作用，把思想政治工作做"实"、做"活"。团结带领全校师生员工齐心协力、创造性地开展教书育人工作。

率先垂范、凝心聚力。学校党组织书记、校长要率先垂范，努力工作，靠自身的学识和人格魅力，将学校干部团队凝聚在一起，打造志同道合、团结和谐、担当尽责、率先垂范的领导集体，齐心合力办好学校。要做好学校领导班子的任用、管理、培训、考核、激励等工作，不断提升干部素养和工作本领，促进干部健康成长。

形成共识、厘清职责。学校党组织要加强思想政治建设和干部作风建设，党组织班子成员根据集体的决定和分工，切实履行职责，养成依法依规开展工作的好习惯。学校党组织书记、校长要将党的教育方针和上级党组织对学校工作的要求，带领干部班子结合当地情况共同制定符合学校实际的发展规划，让每一个干部明确自己的任务和职责。

分工合作、各展其长。学校党组织要用学校发展的美好愿景凝聚人心，让每一个干部明确在学校整体工作中各个工作岗位的功能和作用。书记和校长要根据每一个干部的工作优势，合理确定学校领导班子成员分工。学校领导班子所有成员都要认真执行集体决定，按照分工积极主动、创造性地开展工作，全力服务于学校的发展。

考核监督、激励保障。学校党组织领导学校党的纪律检查工作，协助上级党组织做好学校领导人员的教育管理监督等工作。要坚持全面从严治党，开展基层党建工作述职评议考核，落实党风廉政建设主体责任，落实党务工作队伍激励保障措施。

实践历练、把好入口。学校党组织要严格按照有关规定、干部选拔和任用的管理权限，严格遵守规定程序，严格按照标准条件，将培养对象放到教育教学实践、学校服务管理实践和党务工作实践中进行历练，在工作实践中修炼品格、增长才能，把好干部"入口"，精准、科学地把优秀人才选拔出来。

注重培养、形成制度。学校党组织要坚持党管干部和党管人才的原则，加强学校领导班子成员思想政治建设、工作考核和监督工作。建立和完善学校干部队伍和优秀骨干教师队伍的选拔培养、考核评价和激励保障机制，加强人才队伍建设规划工作，加强对优秀教师的政治引领、政治吸纳、政治把关，把优秀教师培养成党员，把党员教师培养成教学骨干，把教学骨干培养成管理骨干，完善统一培养"教学骨干—行政骨干—党组织骨干"的干部培养制度，做好后备人才培养工作。

"三会一课"、先锋模范。首先是党要管党，严格执行"三会一课"等党的组织生活制度，发挥基层党组织战斗堡垒作用和党员先锋模范作用。其次是推动党建工作与教育教学、德育和思想政治工作深度融合。最后是教育党员在各自的工作岗位上充分发挥先锋模范作用，牢记初心使命，吃苦在前、享受在后，开拓创新，服务学生、服务同事、服务学校。

思政课程、课程思政。立德树人根本任务的实现是依靠全体教师通过每一节课、每一项教育实践活动共同来实现的。将支部建在年级或学科组中，旗帜鲜明地开展社会主义核心价值观教育，抓好学生德育工作，做好教职工思想政治工作和学校意识形态工作，加强师德师风建设和学校精神文明建设，推动形成良好校风教风学风。

管理育人、服务育人。教书育人工作是一个复杂的系统，每一节课、每一项教育实践活动的正常开展都需要学校的教务、教育、行政和后勤的支持与保障。而且，每一个学生都需要校园文化、校园环境的滋润和熏陶。学校党组织必须坚持管理育人和服务育人的理念，带好服务队伍，充分整合校内外的各种教育资源，服务学生、服务教师、服务学校。

【工作案例】

学史增信　砥砺前行[①]
——上海中学领导班子党史学习教育专题民主生活会举行

2022 年 1 月 18 日，上海中学领导班子党史学习教育专题民主生活会于办公楼二楼会议室举行。徐汇区教育党工委党史学习教育巡回指导组成员、徐汇区教育系统党群指导服务中心朱旭琼主任、

---

① 学史增信 砥砺前行——上海中学领导班子党史学习教育专题民主生活会举行［EB/OL］. （2022-01-19）［2022-05-26］.http：//www.shs.cn/info/1026/8403.htm.

上海中学领导班子成员、上海中学党委办公室成员出席了会议。上海中学党委副书记、党史学习教育推进领导小组办公室主任张泽红主持民主生活会。

首先，张泽红副书记通报此次专题民主生活会准备情况。前期，上海中学领导班子以研讨和自学相结合的方式进行学习，切实增强开好民主生活会的思想自觉和行动自觉。同时通过座谈会、个别访谈等多种方式广泛听取意见，获得教职工对学校发展的多方面建设性意见。

之后，王辉书记结合上海中学党委在 2021 年开展"十人讲百年""百人写百年""千人颂百年"党史学习教育系列活动、引领各支部深入学习贯彻习近平新时代中国特色社会主义思想以及在党史学习教育中悟思想、办实事、开新局取得的积极成果进行了交流。强调继续做好党史学习教育常态化工作部署，推进党建带团建系列活动开展；在学校教育高质量发展上出新招、硬招和实招；敢于察大势、应变局、观未来，深化学校智慧校园建设；进一步推进党风廉政教育与意识形态教育的完善。

在第三项议程中，党委副书记樊新强、副校长徐岳灿、党委副书记张泽红、党委书记王辉分别汇报了个人对照检查材料，领导班子成员积极开展了批评与自我批评。冯志刚校长、朱臻副校长作为非党员领导干部，一方面认领班子问题，另一方面对党员领导班子成员提出了进一步推进学校党建与业务提升的建议。

冯志刚校长指出，在上海中学党政领导班子的共同努力下，在王辉书记引领的党史学习教育推动下，上海中学把握立德树人的根本任务，2021 年教育教学质量继续保持在高水平，推进了中兴楼等新建教学楼投入使用，教职工凝聚力得到进一步提升。

最后，王辉书记指出，此次民主生活会是一个促进学校迈向新台阶的契机，每位领导班子成员都能够针对问题制定整改举措，敢于担当，引领师生共同努力建构世界一流研究型、创新型中国基础教育顶尖名校。

【案例分析】——————————————————————

从以上案例可以看出：

上海中学党委在引领各支部深入学习贯彻习近平新时代中国特色社会主义思想以及在党史学习教育中悟思想、办实事、开新局。推进党建带团建系列活动开展；在学校教育高质量发展上出新招、硬招和实招；敢于察大势、应变局、观未来，深化学校智慧校园建设；进一步推进党风廉政教育与意识形态教育的完善。

领导班子以研讨和自学相结合的方式进行学习，切实增强开好民主生活会的思想自觉和行动自觉。同时通过座谈会、个别访谈等多种方式广泛听取教职工对学校发展的多方面建设性意见。学校领导干部，一方面认领班子问题，另一方面对党员领导班子成员提出了进一步推进学校党建与业务提升的建议。每位领导班子成员都能够针对问题制定整改举措，敢于担当，引领师生共同努力建构世界一流研究型、创新型中国基础教育顶尖名校。而且，专题民主生活会还邀请了上级教育党工委的领导参加。

这充分说明上海中学党委在上级党组织的领导下，认真、规范履行党组织把方向、管大局的职责，严格按照党管干部的原则，带领学校党政领导班子团结干事，敢于担当，把握立德树人的根本任务，全力推进学校教育高质量发展。

【工作案例】

上海中学领导班子 2021 年度述职及干部选拔任用 "一报告两评议" 报告会举行 ①

2022 年 1 月 10 日，上海中学领导班子 2021 年度述职及干部选

---

① 上海中学领导班子 2021 年度述职及干部选拔任用 "一报告两评议" 报告会举行［EB/OL］.（2022-01-11）［2022-05-26］.http://www.shs.cn/info/1026/8392.htm.

拔任用"一报告两评议"报告会于上海中学图书信息中心四楼报告厅举行，党委书记王辉主持会议。市教委直管办彭文意，以及党政领导班子、本部与国际部中层、教职工代表参加了会议。

上海中学校长冯志刚首先代表校级领导班子进行述职。他指出，2021年，学校坚持以习近平新时代中国特色社会主义思想为指导，深入学习宣传贯彻党的教育方针，落实立德树人根本任务，抢抓机遇、真抓实干，推动学校各项事业持续健康发展。一是扎实开展党史学习教育，践行"立德树人"使命。二是聚焦"双新"发展，彰显"三高"教育特色。三是凸显教学学术韵味，担当教书育人使命。四是放眼全球，展现中国国际教育风范。五是释放教育新基建活力，赋能育人方式变革。

接着，冯志刚校长作了2021年度个人述职。他指出，过去一年上海中学上下齐心攻坚克难，围绕教育德为先的理念，将教育教学和立德树人的根本任务有机结合。学校教学取得新突破，抗疫学习两不误。他还指出，带领上海中学攻坚克难是领导班子的职责，感到使命辉煌责任重大。自己在担任行政任务之外还兼顾教学任务，保持相关业务水平。新的一年，他将以初心不变、奋勇向前的精神推进后续工作。

然后，上海中学党委书记、副校长王辉作了2021年度述职。他指出，过去一年他负责扎实开展党史学习教育的相关工作。同时按照党管干部要求，考察督促并培养年轻同志迅速成长。关心党员队伍建设，组织发展党员工作并积极开展党史学习教育。做到了党务、校务、总务"三务"并重，推进党建相关工作的规范化有序化。并指出，今后将继续推进责任分工、星级服务和基建规划等工作开展。

上海中学副校长朱臻也作了2021年度述职。他指出，在过去两学期，他主要承担相关教学任务，协助备课组长进行新课程教学进度安排调整，担任市教委和区教育局的部分工作评审，参与策划实施相关学科活动以及学校相关课题的研讨与汇报，负责学校相关基建工作内容。

上海中学党委副书记、纪委书记张泽红在其 2021 年度述职报告中总结道，在德育工作方面，做到顶层设计，不断提高立德树人工作成效。在党委工作方面，有序推动建党百年相关活动开展。在工会活动方面，深入基层，开创积极向上、凝心聚力的氛围。

上海中学副校长、上海中学东校校长徐岳灿在作 2021 年度述职时指出，在过去一年，上海中学东校紧抓疫情常态化防控工作，同时做到教育教学工作与思想作风建设并重，落实"双新"政策和初中"双减"政策的实施。今后自己将持续推进上海中学东校教育集团工作。

最后，王辉书记报告 2021 年度干部选拔任用工作情况。与会人员对上海中学党政领导班子述职、干部选拔任用进行了民主测评。

【案例分析】

从以上案例可以看出：

一是严格规范。符合《关于建立中小学校党组织领导的校长负责制的意见（试行）》规定，按照年度工作报告评议要求和程序进行。上海中学领导班子年度述职及干部选拔任用"一报告两评议"报告会由学校党委书记主持。市教委直管办领导，以及党政领导班子、本部与国际部中层、教职工代表参加会议。校长、书记、副校长、副书记、分校校长依次进行年度工作述职报告。然后，党委书记报告年度干部选拔任用工作情况。与会人员对上海中学党政领导班子述职、干部选拔任用进行了民主测评。这样的工作安排，充分体现了上海中学党组织严格履行全面领导学校的职责，坚持党管干部原则，规范开展学校领导班子年度述职及干部选拔任用工作，强化了主人翁意识，激发了教职员工参与学校民主管理的积极性。

二是上海中学党政领导班子团结合作、抢抓机遇、真抓实干，推动学校各项事业持续健康发展，全面扎实推进学校高质量发展。党建相关工作实现规范化、有序化；围绕教育以德为先的理念，德育工作做好顶层设计，不断提高立德树人工作成效；学校上下齐心攻坚克难，将教育教学和立德树人的根本任务有机结合，教学取得新突破。

（二）建立新时代中小学校党组织领导的校长负责制

1. 校长全面负责管理

新时代，中小学教育肩负着教育引导学生"扣好人生第一粒扣子"、培养德智体美劳全面发展的社会主义建设者和接班人的重任。在推进中小学校建立党组织领导的校长负责制中，必须强化党建引领，深化基础教育改革发展，提高育人质量。把思想政治工作和德育工作这一中小学校工作的生命线牢牢抓在手上、贯穿学校教育教学管理全过程，不断推动基础教育高质量发展，努力培养堪当民族复兴大任的时代新人。

中小学校校长在学校党组织的领导下，要坚持社会主义办学方向，将新时代党的组织路线和教育方针全面落实到学校工作的各个方面，贯穿立德树人的全过程。要谋划学校的发展愿景，团结带领全校师生员工勤奋工作、全面提升教育教学质量。要对党组织和全校师生员工负责，及时向学校党组织报告重大决议执行情况，定期向教职工大会（或教职工代表大会）报告工作开展情况，支持民主党派和各种群团组织开展工作，依法保障师生员工的合法权益。

2. 做好科学规划设计

校长带领学校领导班子成员，充分依靠全体教职工，肩负为党育人、为国育才、为民服务的重任。根据教育规律和青少年成长规律，并结合当地经济社会发展实际，对学校发展做好顶层设计，拟订发展规划、基本管理制度、内部教育教学管理组织机构设置等，研究拟订学校具体年度工作计划和专项工作计划。

3. 依法依规治理学校

校长要严格遵照学校章程依法依规治理学校，深化教育教学改革、招生考试改革，加强教育教学常规管理工作。严肃招生纪律，严格按照当地政府和教育主管部门的规定，公平、公正、公开、高质量完成招生工作，严格学生学籍管理，规范毕业证书的发放和升学学生档案的转移等工作。

校长要组织全体教职员工开展教育教学研究及成果转化等相关工作，构建符合学校实际的五育融合课程体系，加强学生德育、体育、美育、劳动教育和心理健康教育，积极开展新课标、新课程的学习研究，积极探索课堂教学和课外学科实践活动的新方法、新模式，深化教育教学改革。

校长要强化教职员工队伍建设，加强学校各类人才日常教育管理服务工作，按照有关规定科学、规范、严格地做好教师等人才的培养、招聘、使用、管理、服务和职称评审、奖惩等相关工作。依据有关规定与教师以及内部其他工作人员订立、解除或终止聘用合同。

4. 激励教师全面提升教书育人水平

校长要遵照中小学教师专业标准和中小学教师培训课程指导标准，充分利用校内外优势资源，通过多种形式、多元开放的教师培训课程与活动，帮助中小学教师养成终身学习的理念，促进教师专业发展。学校要整合校内外各种资源，按照国家课程方案，开齐开足所有学科课程和活动课程，提高学校思政课教学和课程思政的质量。校长要带领学校领导班子经常深入课堂听课、参与教研、指导教学，努力提高教育教学领导力。要组织开展学校文化活动和科学普及活动，以及体育和艺术活动，建设高水平的文明校园。

学校要坚持"科研兴校"战略，积极申报区级、市级、国家级教育规划课题，还应该根据发展需要设立学校课题。引导和鼓励教师立足学校、立足学生、立足课堂，积极开展问题导向的教学研究和课题研究，以课题研究驱动教师团队专业发展，促使教师向教学研究型教师转变，全面提升教书育人的水平，促进学校教育教学质量的全面提升。

5. 后勤保障顺畅有力

新时代，校长要不断健全或完善"两体系一机制"，建立现代学校制度，研究拟订和执行学校重大建设项目、重要资产处置、重要办学资源配置方案，管理和保护学校资产；研究拟订和执行学校年度预算、大额度支出，加强财务管理和审计监督；做好学校安全稳定和后勤保障工作；保障学校一切教育教学和服务工作正常运转。

校长要带领学校领导班子充分整合当地各种资源，组织开展学校对外交流与合作，加强学校与社会、家庭的联系，形成育人合力，提高育人效率，努力做到人民教育人民办，办好教育为人民。学校要为当地经济发展和社会进步作出应有的贡献。

【工作案例】

人大附中暨联合总校党委理论学习中心组召开专题学习会
深入学习领会习近平总书记在中国人民大学考察时重要讲话精神①

2022 年 4 月 25 日，习近平总书记来到中国人民大学考察调研时指出，"希望中国人民大学落实立德树人根本任务，传承红色基因，让听党话、跟党走的信念成为人大师生的自觉追求"。

人大附中暨联合总校党委书记、附中校长刘小惠代表附中全体师生参加了相关活动。

掀起学习总书记重要讲话精神热潮：25 日以来，人大附中暨联合总校党委全面组织全体教师通过集体收看电视新闻、开展学习讨论、撰写心得体会等各种方式，深入学习领会习近平总书记此次考察时的重要讲话的重大意义、精神实质及丰富内涵，全校掀起了学习领会习近平总书记重要讲话精神的热潮。

理论学习中心组学习会：5 月 5 日，附中暨联合总校党委理论学习中心组在线召开专题学习会，刘小惠、王晓楠、杨连明、周建华、崔艳阳、许作良、高江涛、于秀娟、马晴等校领导班子成员，以及党委委员、纪委委员、团委书记等全体中心组成员参加了此次学习

---

① 人大附中暨联合总校党委理论学习中心组召开专题学习会 深入学习领会习近平总书记在中国人民大学考察时重要讲话精神［EB/OL］.（2022-05-10）［2022-05-26］.https：//mp.weixin.qq.com/s/BvlvO7SYRXQqZXn1wAiFWQ.

会并分享了学习心得。会议由附中暨联合总校党委书记、附中校长刘小惠主持。

会上，刘小惠校长带领大家认真学习了中国人民大学《关于各二级党组织学习习近平总书记在中国人民大学考察时重要讲话精神，开展理论学习中心组专题学习活动的通知》。通过学习，中心组成员明确了学习目标、任务、方式等，为进一步学习贯彻习近平总书记重要讲话精神奠定了基础。

接着，理论中心组成员逐一畅谈学习体会。

党委书记、附中校长刘小惠讲道："我参加了习近平总书记同人民大学师生的座谈会，一直到现在都感到非常激动。我对习近平总书记论述的教师要做'经师'与'人师'的统一者，做新时代需要的'大先生'深有体会，特地写了一篇题为《经师、人师和大先生》的感想。"

然后，刘小惠带领大家深入学习领会了习近平总书记重要讲话精神，并结合附中的办学实践，从以下三个方面对附中的工作进行了总体的谋划布局：

第一，坚持党的领导，传承红色基因。总书记强调，"为谁培养人、培养什么人、怎样培养人"始终是教育的根本问题。要坚持党的领导，坚持马克思主义的指导地位，坚持为党和人民的事业服务，落实立德树人的根本任务。

人大附中自1950年建校，就承载着为国家培养急需的工农干部的使命。70多年来，附中始终坚守着为党育人、为国育才的教育使命，与国家共生共荣，与时代同频共振，落实党的教育方针，把握正确的办学方向，努力培养德智体美劳全面发展的社会主义建设者和接班人，加强师生理想信念教育，传承红色基因，让"听党话、跟党走"的信念成为附中师生的追求。正如习近平总书记所说，"我国有独特的历史、独特的文化、独特的国情"，我们要扎根中国大地办教育，从实际出发，坚持教育为人民服务，不断满足人民群众的期待，提升教育质量，努力创办适合每个学生发展的教育。

第二，落实立德树人根本任务，加强学科德育和思政建设。总书记在考察第一站现场观摩王易教授主讲的思政课时强调："思想政治理论课能否在立德树人中发挥应有作用，关键看重视不重视、适应不适应、做得好不好。思政课的本质是讲道理，要注重方式方法，把道理讲深、讲透、讲活，老师要用心教，学生要用心悟，达到沟通心灵、启智润心、激扬斗志。"

青少年正处于人生的"拔节孕穗"期，中学阶段是落实立德树人根本任务的关键期。为了让思政课更好地入脑入心，附中不断创新教与学的方式，并尝试大中小学一体化、循序渐进、螺旋上升地开展思政课的整体规划。政治教研组探索了"大中小思政课一体化"同课异构模式，研究如何将思政课讲得更"活"，怎样把学科理论寓于社会活动实践中，鼓励学生关注时事、合作探究，在社会大课堂里获得知识与成长，感受使命与担当。附中将进一步深化与大学的交流和合作，通过邀请大学老师到附中上课，组织大学、中学教师集体备课等方式，不断深化"大中小思政课一体化"建设。

第三，建设一支优秀的教师队伍，做到"经师""人师"的统一。习近平总书记强调，"培养社会主义建设者和接班人，迫切需要我们的教师既精通专业知识、做好'经师'，又涵养德行、成为'人师'，努力做精于'传道授业解惑'的'经师'和'人师'的统一者"。总书记同时指出，教育是一门"仁而爱人"的事业，有爱才有责任。附中教师将爱、勤奋和智慧融入日常的教育教学工作中，用心呵护着学生的成长。总书记还说，"老师应该有言为士则、行为世范的自觉，不断提高自身道德修养，以模范行为影响和带动学生，做学生为学、为事、为人的大先生"。希望教师们牢记总书记的嘱托和期望，做"经师"与"人师"的统一者，做新时代需要的"大先生"。

党委副书记王晓楠讲道，这次是习近平总书记第五次来到人民大学，体现出党中央对中国人民大学的关心，对高等教育的关注，意义重大。时值中国共产主义青年团建团100周年前夕，总书记在多次重要讲话中都特别提出了对青年一代的殷切希望，作为基础教育领域的一员，我们要有成为"四有"好老师的思想自觉与行动自觉，努力争取成为基础教育领域的专家，有成为"大师"的远大目标与理想追求，加强大中小思政工作的衔接与跟进，引领广大青少年从小树立理想信念，努力历练，提升素养，促进身心健康发展，为"强国有我"夯实思想基础、信念根基。

党委副书记、联合总校常务副校长杨连明讲道，要充分牢记人大附中联合总校创建的初心使命，认真思考在新时代背景下，人大附中联合总校应如何更好地服务国家战略，也更好地配合和服从人民大学的战略部署，为基础教育的优质均衡发展发挥作用，满足人民群众对优质教育资源的需求，办人民满意的教育。真正体现党办的大学让党放心，党办的学校时刻听从党的召唤；人民的大学不负人民，人民的学校全心全意为了人民。

联合总校常务副校长周建华讲道，要始终做到"三个坚持"：坚持党的领导，坚持马克思主义指导地位，坚持为党和人民事业服务的办学方向，并将其作为立足点，紧盯立德树人这一教育的根本任务。发挥思政课在立德树人中的应有作用，在将思政课办成"金课"的同时，把课程思政办好，提升核心素养，落实好学科育人，助力学生成为"开路先锋""事业闯将"。学校要始终重视教师队伍建设，启动新时代"强师工程"。从党建强师、课程强师、课堂强师、研训强师、制度文化强师等方面，为教师成长搭建平台，提供有力支撑。

联合总校副校长崔艳阳讲道，人大校史就是一代代人大师生矢志不渝听党话跟党走的奋斗历史，每一位人大人都要不断加强个人党性修养，让听党话、跟党走成为自觉的政治追求，不断强化政治担当。联合总校要指导和引领人大附中联合总校各成员校深入学习贯彻习近平总书记重要讲话精神，着力打造"听党话、跟党走"的干部队伍和"经师""人师"相统一的高水平教师队伍。

附中副校长许作良讲道，要立足中国特色，扎根中国大地办教育，就要深入了解我国独特的历史、独特的文化、独特的国情，不断向英雄学习、向前辈学习、向榜样学习，积淀自身的德行素养和专业知识，构建自身独特的知识体系和能力体系，始终将成为"经师"和"人师"的统一者作为目标，以人格魅力呵护学生心灵，以学术造诣开启学生智慧，努力成为一名为学、为事、为人的"大先生"，当好学生成长的引路人，为党育人、为国育才，为党的教育事业贡献自己的智慧和力量。

附中副校长高江涛讲道，我校的拔尖创新人才早期培养项目和中外合作办学项目更要做好思政教育。"早培"一直以来特别注重家风教育，而中外合作办学项目的学生要出国学习，扎根中国大地办教育，不仅要提升我们中方教师的政治素养，还要跟外方教师传达好我国的教育政策，使我们的学生无论身处何地，都能真正爱党爱国爱人民。我们希望在校内成立少年马列学院，让马列主义的种子在孩子们的心田早早种下。作为赓续红色血脉的人大附中，我们必须在思政教育上有所创新。

附中副校长于秀娟讲道，我们作为教育工作者，要以习近平总书记重要讲话精神为指引，紧紧围绕教育的根本问题——为谁培养人、培养什么人、怎样培养人，努力进取，为党育人、为国育才。作为教师，重教书，更要重育人，通过思政课和学科思政努力引导学生牢记党的教诲，立志民族复兴，正确认识时代责任和历史使命，努力把学生培养成为担当民族复兴重任的时代新人。

党委副书记、纪委书记马晴讲道，作为曾多年奋战在大学思政工作一线的工作者，将在基础教育工作岗位上，与同事们一道，传承红色基因，赓续红色血脉，立足新时代新征程，围绕落实立德树人根本任务，绵绵用力，久久为功，不断深化大中小学思政课一体化建设，努力培养担当民族复兴重任的时代新人。

随后，其他理论学习中心组同志逐一分享了学习心得。

这次集中学习，是附中暨联合总校党委在人民大学党委的统一部署下，为附中进一步发展谋篇布局、加油鼓劲的理论学习和研讨活动。通过学习，理论学习中心组一致认为，习近平总书记在中国人民大学考察时的重要讲话为我们建设高质量教育体系提供了根本遵循，进一步激发了广大教育工作者的信心与斗志，进一步坚定了我们"听党话、跟党走"的信心和决心，进一步拓宽了我们的视野，明确了工作思路。附中暨联合总校党委将把深入学习贯彻习近平总书记莅校考察时的重要讲话精神作为当前和今后一段时期的重要政治任务，组织全校师生持续认真学习领会、贯彻落实，始终牢记习近平总书记的嘱托，坚守为党育人、为国育才的教育使命，落实立德树人根本任务，办好人民满意的教育，让党放心，不负人民。

【案例分析】

从以上案例可以看出：

人大附中暨联合总校紧紧抓住习近平总书记到中国人民大学考察调研，提出"希望中国人民大学落实立德树人根本任务，传承红色基因，让听党话、跟党走的信念成为人大师生的自觉追求"的要求，联合总校党组织和学校行政领导班子及时认真学习领会，牢牢把握学校发展的大方向。并结合学校实际，对学校发展工作进行总体布局。

分党委书记、附中校长刘小惠带领大家深入学习了习近平总书记重要讲话精神，并结合附中的办学实践，从党的领导、课程建设、教师队伍三个方面对附中的工作进行了总体谋划布局：一是坚持党的领导，传承红色基因；二是落实立德树人任务，加强学科德育和思政建设；三是建设一支优秀的教师队伍，做到"经师""人师"的统一。突出强调：附中师生要始终牢记习近平总书记的嘱托，坚守为党育人、为国育才的教育使命，落实立德树人根本任务，办好人民满意的教育，让党放心，不负人民。

这表明了人大附中联合总校在党政班子的和谐统一领导下，很好地管控了学校发展方向和大局。联合总校党委按照党组织隶属关系和办学实际，加强对成员学校、分支机构党建工作的领导和指导。学校牢牢把握社会主义办学方向，坚持政治标准，解决好"为谁培养人"的问题。着力打造"听党话、跟党走"的干部队伍和"经师""人师"相统一的高水平教师队伍，以人格魅力呵护学生心灵，以学术造诣开启学生智慧；通过大中小学思政课一体化建设，思政课和学科思政努力引导学生牢记党的教诲，立志民族复兴，正确认识时代责任和历史使命，为党育人、为国育才，努力把学生培养成为担当民族复兴重任的时代新人。

【工作案例】

"双培养"工作成效显著，文科支部大丰收 ①
—— 文科党支部"不忘初心、牢记使命"主题教育交流会暨党员发展大会

2019年10月28日，北京一零一中学文科党支部召开了"不忘初心、牢记使命"主题教育交流会暨党员发展大会和党员转正大会。会议由文科党支部书记郭院丽主持，北京一零一中学党委王涛书记出席，文科支部全体党员参加。本次大会主要有两项内容，分别是哈斯图雅老师的发展会和刘青老师的转正会。

在全体党员唱响低沉雄壮的《国际歌》之后，大会进入第一项内容，发展对象哈斯图雅老师庄重地宣读了自己的入党志愿书。哈斯图雅同志的入党介绍人董磊明和石宇老师介绍了哈斯图雅老师的基本情况，并发表了本人对于哈斯老师入党的意见。随后与会党员发表意见。党委委员刘子森副校长、张新村、史春娟、范红梅、张雪等老师先后从教育、教学、学生活动等方面对哈斯图雅老师给予高度评价，同时也中肯地提出了意见和建议，刘子森副校长更是对

---

① "双培养"工作成效显著，文科支部大丰收——文科支部"不忘初心、牢记使命"主题教育交流会暨党员发展大会 [EB/OL].（2019-10-28）[2022-05-26].https://www.beijing101.com/school/getNavigationArticle.do?articleId=94ca8a2a-9314-411a-b305-b2ba012f71f1&navigationId=81dc6e0e-ca00-4a15-b969-2078c0f7911a&schoolId=587bb213-aab9-415d-b129-b629de3718e8.

她提出了期望，希望她向身边的老党员学习，把工作和生活安排好，更好地成长。

第二项内容，刘青同志宣读自己的转正申请书。刘青同志的入党介绍人于元和张新村老师对她的基本情况作具体介绍，并发表了意见。随后与会党员发表意见。党委书记王涛、党委副书记李铁军、于元等老师分别从教育、教学和为人处世等方面对刘青老师给予了高度评价，指出刘老师是青年党员学习的楷模。

哈斯图雅老师和刘青老师都是我校优秀的语文教师。哈斯图雅老师非常年轻有活力，虽然入职时间不长，但是非常善于学习，工作认真，踏实肯干，有想法并敢于实践，深得学生和家长的认可与喜爱。在工作中也取得了不错的成绩，2016—2017年度，在学校青年教师培训中表现优秀，被授予"青蓝工程"优秀学员、"班主任师带徒"优秀学员；在教育部"一师一优课、一课一名师"活动中被评为教育部"优课"，在海淀区"风采杯"新任教师教学基本功比赛中获得三等奖，在海淀区"风华杯"中小学班主任基本功展示中获得一等奖等。聆听哈斯图雅同志的成长经历，以及各位老师对她的认可评价，与会党员不仅对哈斯老师有了更深入的了解，同时也受到哈斯老师高标准自我要求的感染，进一步审视自我、提升自我。

而聆听刘青同志的成长经历以及思想进步历程让在场的党员又一次得到了心灵的洗礼，深受感动。刘老师教育教学经验丰富，是大家心中的师德模范、教学能手。在从教生涯中，刘老师获得过众多荣誉和奖项：在教育方面，刘青同志曾获得"紫禁杯"班主任特等奖；在教学方面，是语文特级老师。刘老师为人不计较，做事勤奋，带着朴素的教育情怀，在教师这个平凡的岗位上作出了不平凡的业绩。刘老师一心志愿加入中国共产党，对中国共产党有着执着的追求和信仰。这份对党的真诚最为动人！

大会在热烈的气氛中进行。会议全票通过同意接收哈斯图雅老师为预备党员、刘青老师为正式党员。哈斯图雅和刘青同志满怀激动地表示，在今后的工作学习中一定再接再厉，不辜负党组织的信任和期望。

最后，党委书记王涛发表讲话。他首先向哈斯图雅和刘青同志表示真诚的祝贺，希望哈斯图雅同志继续加强思想修养，提高思想境界，不断进步。接着感谢介绍人耐心细致的工作，为我党吸纳了非常优秀的人才。同时对与会党员提出期望和要求，希望党员同志要深入学习贯彻习近平新时代中国特色社会主义思想，不忘初心、牢记使命，勇于担当负责，积极主动作为，把习近平新时代中国特色社会主义思想转化为推进改革发展稳定和党的教育事业的实际行动，把初心使命变成党员干部锐意进取、开拓创新、埋头苦干、真抓实干的自觉行为，为一零一中教育集团的发展助力。

发展党员工作是党的建设的重要组成部分，是贯彻落实党的路线、方针、政策的组织保证，是事关党的事业兴衰成败的大事，是关系到党的生命力和战斗力的重大问题。每一次发展党员，都是为我党输入新鲜血液，提高我党的活力、战斗力。而发展对象的先进事迹，同时又鞭策着每一位党员重温初心找差距，牢记使命勇担当，继续在教育教学岗位上创造新的成绩！

【案例分析】

从以上案例可以看出：

一是北京一零一中学党组织非常严肃规范地按照《中国共产党章程》的要求做好发展党员的每一项具体工作，让每一位党员都牢记中国共产党是工人阶级的先锋队，同时是中国人民和中华民族的先锋队，是中国特色社会主义事业的领导核心。每一位党员都要重温初心找差距，牢记使命勇担当，在教育教学岗位上创造新的成绩！

二是北京一零一中学党委将党支部建立在学科组上，保证党的路线、方针、政策和学校党组织安排的各项工作及时、高效地得到贯彻落实，有利于发挥党支部的战斗堡垒作用。

（三）新时代中小学校党组织与行政管理的应然状态

中小学校党组织领导的校长负责制是新时代中小学校崭新的领导管理体制，是现代国家治理体系不可缺少的重要组成部分。中小学校党组织要结合本校特点，在加强党的领导和党的建设、制度和机制建设上有新的思考、新的作为。特别是要在研究学校章程、完善会议制度和议事规则、健全党政协调运行机制、坚定不移全面从严治党、加强党建工作创新研究和实践上下功夫，练就高素质专业化的中小学干部需要的管理能力。要勇敢地走到改革前沿，身体力行推进党建工作高质量发展，为加强党的领导和党的建设作贡献。

中小学校党组织是贯彻校长负责制的政治灵魂和主心骨，校长负责制是实现党组织领导的重要抓手和着力点。党组织对学校工作的全面领导是前提，校长负责制是核心，党政协调配合是关键，学校章程凝聚集体智慧、凝结教工感情、凝集发展愿景、凝练办学精神、明晰权责关系、规范办学行为、彰显学校特色。全面贯彻落实党的教育方针、办好人民满意的学校是改革中小学校管理体制的目的。通过完善制度体系和协调机制规范党政融合方式，增强学校领导班子的凝聚力，不断强化集体领导的意识，在工作中树立起党政同心、工作同向、职责共担、分工负责意识和主动配合意识、相互合作又相互支撑的共同体意识。切实做到党组织全面领导学校工作、校长全面负责学校的教育教学和行政管理工作，党政分工合作、依法依规履行职责。

中小学校党政之间应该是关系和谐、不可分割的有机整体。中小学校党组织要围绕培养拥护中国共产党领导和中国特色社会主义制度的合格建设者和可靠接班人这一中心任务，提高政治站位、把舵定向、出谋划策，全面领导学校工作；中小学校长和行政领导班子要对党组织负责，在党组织和教育教学、行政管理一线业务工作之间发挥好桥梁、纽带、黏合剂的作用，确保党的领导在学校各项工作中的全面覆盖。

全国中小学校要以领导体制变革撬动中小学内部治理体系的系统变革升级。在具体实践中，根据现行办学规模、区域、学段和党员人数，中小学校党组织领导的校长负责制大致分为三大类型。

1. 党委领导的校长负责制

在学校、集团（联合总校）或本部设立党委，书记和校长应该分设，党委书记一般不兼任行政领导职务，校长是中共党员的应当同时担任党委副书记；党支部建在分校（校区）、年级组或学科组上，保证党支部在教育教学工作中切实发挥战斗堡垒作用，建立健全干部培养制度，充分放手让更多的优秀年轻干部和教师在党务、教学、行政等实践中不断磨炼、更全面更快速地成长为"双强型"干部。

由于这类学校社会影响力大、规模大、管理难度大、对内对外需要协调处理的关系复杂，所以上级党组织必须强调坚持新时代正确选人用人导向，注重选拔党性强、懂教育、会管理、有威信、善于做思想政治工作的优秀党员干部担任党委书记，着力培养政治过硬、品德高尚、业务精湛、治校有方的校长队伍。在工作实践中，党委书记必须全力带领班子成员，加强党对教育工作的全面领导，坚持党管办学方向、党管改革，充分发挥党委总揽全局、协调各方的领导核心作用，健全党委统一领导、党政齐抓共管、部门各负其责的领导体制。将学校党委书记和校长职责、党组织会议制度、校长办公会议制度、党政协调运行机制以学校章程的形式进行固化，全面依法推行中小学校现代化治理机制，构建高质量的教育体系。

党委要按照党组织隶属关系和办学实际，加强对成员学校、分支机构党建工作的领导和指导。建立和落实报告制度，党委要结合年度考核向上级党组织报告执行情况，学校基层党支部和学校领导班子成员要在民主生活会、述职评议、年度工作总结中报告个人执行情况，并上报党委。

校长在学校党委领导下，依法依规行使职权，按照学校党委有关决议，全面负责学校的教育教学和行政管理等工作，保证依照教育规律和学生成长规律科学安排教育教学工作，不断提高教育教学质量。认真执行报告制度，向学校党委报告重大决议执行情况，向教职工大会（教职工代表大会）报告工作，依法保障师生员工合法权益。

2.党总支领导的校长负责制

学校设立党总支的，书记和校长应该分设。特殊情况下也可以同一人兼任，同时应当设一名专职副书记。可以交叉任职，学校行政班子副职中的党员一般应当进入党组织班子。对于多学段、多校址、跨区域等分散办学，若校长不是党员，书记和校长必须分设。并根据工作需要把党支部建在年级组、学科组和职能部门，保证党支部在基层工作中切实发挥战斗堡垒作用。同时，为优秀年轻干部在党务工作、教育教学、行政管理等多岗位锻炼成长搭建平台、提供机会。

根据学校发展变化的需要，报请上级党组织批准，在党组织设置、党政正职配备方式等方面及时作动态调整。把"双强型"干部作为学校副职的重要来源，把专（兼）职副书记岗位作为选拔书记、校长的台阶。在整体班子配备中要充分兼顾学科专业、工作经历、工作态度和年龄等因素，尽量做到结构合理、优势互补。建立和落实工作执行情况报告制度，学校党组织要结合年度考核向上级党组织报告执行情况，学校领导班子成员要在民主生活会、述职评议、年度工作总结中报告个人执行情况。

3.党支部领导的校长负责制

党组织设置为党支部的中小学校，党支部书记、校长一般由一人担任，同时应当设一名专职副书记；学校行政班子副职中的党员一般应当进入党组织班子。校长不是党员的，经上级党组织批准，书记和校长应该分设。

这类学校在基层是最大量和最普遍的，也是全面推进中小学校党组织领导的校长负责制的难点。难点之一是"党政一肩挑"岗位的功能与职责的划分，在什么工作中应该以书记的身份履行领导职责，什么情况下应该以校长的身份执行管理权力。难点之二是专职副书记在学校"三重一大"决策过程中与书记兼校长的协调配合，以及在具体工作中学校教职员工对其身份的认同。为此，笔者认为应该从以下几方面入手。

首先，要认真学习和领会新时代中小学校党组织领导的校长负责制的重大意义，确立党组织在学校的核心领导地位，要坚决地形成落实党的领导纵到底、横到边、全覆盖的工作格局，真正解决"为谁培养人"的问题。并通过学校章程从制度上确立党支部的领导职责；清晰界定校长主要职权，强调党组织集体领导、集体决策的规范化要求，形成在党支部的集体领导下充分发挥校长行政管理权力的一种崭新的领导体制。

其次，遵循教育规律和人才成长规律，强化年级组建设和学科组管理，将党的教育方针贯彻落实到学校的每一项具体工作之中，全力提升教育教学质量，推动党建工作与教育教学工作的深度融合，探索符合学科特点、时代要求和学生成长规律的教育管理模式，不断提升育人能力和水平，真正解决好"培养什么人"的问题。

最后，全面推动依法依规治理学校，打造学校党政协调运行共同体，激发办学活力，推动党支部领导与校长负责形成相互依存、不可分割的党政融合有机整体。对内，制定好学校章程，让全校师生员工都能明确努力的方向、看到发展的目标、找到自己的位置、明确自己的使命和责任，尽心尽力在自己的岗位上创造性地开展学习和工作，促进教师的专业化发展、促进学生全面而有个性的发展，进而推动学校的整体发展。对外，要将学校发展置身于当地经济社会发展之中，要充分挖掘社区各种社会资源的教育功能，构建社会、学校、家庭和学生"四位一体"现代化学校治理体系，激发办学活力，办人民满意的教育，促进当地经济社会发展，真正解决好"如何培养人"的问题。

二、党组织领导的中小学管理队伍建设

（一）党组织领导的干部队伍建设

当前，中小学校正处于深化综合改革、推进依法治校的关键时期。面对新形势、新情况、新挑战，中小学校党组织要站在新的起点上，以时不我待的责任感、紧迫感，以改革创新的精神，推动学校新一轮发展，要显著提升学校综合实力和核心竞争力，首先必须加强干部队伍建设，以高素质的干部队伍服务并支撑学校的改革和创新发展。

中小学校党组织要坚决贯彻党管干部原则，要紧密结合学校干部队伍的现状和学校发展对干部队伍的新要求，对于在任干部要坚持信念坚定、为师生服务、为学校服务、勤政务实、敢于担当、清正廉洁的好干部标准，以干事、创业、求发展的用人导向为学校发展选配好干部。做好干部交流轮岗工作，用好各年龄段干部以及优先选拔使用经多岗位锻炼的干部。注重打基础、利长远、求实效，不断完善干部任期制及任期目标责任制。考核评价以任期目标责任为依据，以日常管理为基础，注重业绩导向，充分听取本单位教师的意见。职能部门的任期目标应体现服务对象的意见，考核的结果作为今后干部选拔任用和岗位聘任的重要依据。对于工作业绩突出、考核优秀的干部要给予奖励；对于考核不合格的，免去现职或降职使用。最终由学校领导班子集体研究确定，并报党委组织部门备案。

同时，要注重面向一线培养、选拔干部，注重培养选拔优秀年轻教师，在拓宽干部选任渠道方面，可以将公开选拔、竞争上岗作为基层干部选拔任用的方式之一，并且明确公开选拔、竞争上岗适用的情况及范围。对拟提任人选要进行个人档案核查和个人申报有关事项的核查工作。

【工作案例】

上海中学第三期特研班开班仪式举行①

2022年1月12日，上海中学第三期特研班开班仪式在念慈楼四楼举行。上海中学校长冯志刚，党委书记王辉，党委副书记张泽红，党委副书记、第三期特研班班主任樊新强，校党委委员和校长办公会议与党委会议讨论决定的15名第三期学员出席了开班仪式。

会议上，张泽红副书记从"思想高度""视野宽度""底蕴厚度"三个方面为第三期学员分享了往届特研班的经验与收获，并寄语第

---

① 上海中学第三期特研班开班仪式举行［EB/OL］.（2022-01-13）［2022-05-26］.http：//www.shs.cn/info/1026/8396.htm.

三期学员要做到"两个坚持"和"两个关注",即坚持教育初心、坚持立德树人和关注格局、关注领导力。

冯志刚校长以《上海中学156年历史的传承与发展》为题,结合自己的亲身经历,为第三期学员带来了第一次讲座。冯校长鼓励大家要做一名德才兼备的教师,要专注于自身专业与业务能力的提高,从而提升教育教学管理水平,推进学校向世界一流的研究型、创新型顶尖名校发展。

班主任樊新强老师向学员介绍了学校精心设计的整体研修安排,并对相关活动进行了补充说明。同时,也对学员们的研修活动提出了要求:希望学员们在研修期间能严格要求自己,结合"双新"和学校"高立意、高思辨、高互动"教学理念,从课堂和课题研究入手,开展一次贯穿研修过程的特色活动。

相信在学校的支持与关心下,第三期特研班学员定会不忘初心,砥砺前行,在各自工作岗位上开创教育教学的新局面。

【案例分析】

从以上案例可以看出:

一是上海中学拓宽干部选任渠道,创新培养方式,以特研班的形式对干部和优秀教师分期分批进行特色培养,精心设计安排整体研修,结合"双新"和学校"高立意、高思辨、高互动"教学理念,从课堂和课题研究入手,开展贯穿研修过程的特色活动,要求学员做到坚持教育初心、坚持立德树人,关注格局、关注领导力。凸显了上海中学党组织和学校领导班子高瞻远瞩,加强干部队伍建设,精心培养年轻干部,注重打基础、利长远、求实效,齐心协力办好学校的决心和信心。

二是校长亲自主讲《上海中学156年历史的传承与发展》,用学校的发展历史、校长自身成长的经历引导干部和教师了解学校的历史积淀,感悟优秀教师的成长经验,明晰学校未来的发展愿景。校长鼓励大家要做一名德才兼备的教师,要专注于自身专业与业务能力的提高，不断提升教育教学管理水平，推进学校向世界一流的研究型、创新型顶尖名校发展。

（二）党组织领导的德育队伍建设

德育是学校教育的重要组成部分，是素质教育的核心。新时代，中小学校党组织必须花大工夫、下大力气，构建学校德育工作体系，统筹好课内课外、校内校外的融合，形成整体合力，全力营造全环境育人、全过程育人、全员育人的浓厚氛围，才能提升德育的实效。要建立两支强有力的德育队伍：师德高尚的高素质的教师队伍（学校德育干部、年级干部、班主任、思政或道法教师），起模范带头作用的学生干部队伍（共青团、少先队、学生会、班干部）。

中小学校党组织对德育教师队伍必须坚持政治标准和政治要求。一是在站位和境界上要有担当的情怀，充满感情学习，扛着使命思考，领着责任践行；二是了解新时代德育的任务、目标、内容、方法和策略；三是形式和内容要让不同年龄段的学生喜闻乐见；四是将德育内容与丰富多彩的社会生活相联系，让德育过程成为德育目标的实现过程；五是要培养塑造精干的学生干部团队，工作中要充分了解、信任学生干部队伍，在活动中充分发挥学生干部的作用，带动更多的学生共同参与，让全体同学在德育实践活动过程中修炼品行、创新成长，保证德育工作目标的有效落实。

【工作案例】

新学期德育课程指导联席会议召开 [1]

2022年2月18日中午，上海中学德育处组织召开了新学期德育课程指导联席会议，对本学期上海中学丰富多彩的德育课程作了

---

[1] 新学期德育课程指导联席会议召开［EB/OL］.（2022-02-18）［2022-05-26］.http：//www.shs.cn/info/1026/8357.htm.

详细的规划，明确了本学期的工作方向。党委副书记张泽红、德育指导工作相关教师出席，德育处副主任王莺老师主持本次会议。

王莺老师首先对上学期的德育课程进行了总结，肯定了各位德育课程指导老师的辛勤付出。接着，她分析了目前德育课程的开展情况，希望这学期大家能够守正创新，进一步总结提炼，在做好顶层设计之后也需要不断地进行阶段性的推动。

各位德育课程指导老师也分别进行了总结。徐承志老师介绍了CPS 的开展情况；蔡珂老师安排了本学期丰富的心理课程；杨恺彦老师对 LO 领导力的课程进行了规划；方维芊老师结合校友进课堂、全员导师计划对双师的开展情况作了说明；常宇鑫老师对诚信档案的区分度与公平性提出了建议；王开尔老师表达了提前发掘国情民风优秀案例的见解；张琼由老师介绍了社团考核的新要求等。

最后，党委副书记张泽红老师作了总结发言。德育课程作为上海中学的一个亮点，新学期需要不断推陈出新，需要与学校整体发展的目标相匹配和契合。要更多尝试两部融合，激发学生的热情。关注学生，全程跟踪，做好面与点相结合，让德育课程有新的高度。

【案例分析】

从以上案例可以看出：

上海中学党政领导高度重视落实立德树人工作，在党委领导下，充分发挥学校德育处的功能，带好德育队伍，不断提高德育课程的质量和立德树人的水平。

在新学期，德育处组织召开了新学期德育课程指导联席会议，会议上，大家总结分析了上学期各项德育课程的实施情况，提出了本学期的工作方案。德育处对本学期丰富多彩的德育课程既作了顶层设计，又作了详细的实施规划，让大家明确了工作方向和目标。党委副书记提出明确要求：德育课程作为学校的一个亮点，德育处要带领德育队伍，认真研究，新学期需要不断推陈出新，德育课程要与学校整体发展的目标相匹配、相契合。要做到眼中有人、注重过程、点面结合、突出实效，让学校德育课程有新的高度。

（三）党组织领导的教学队伍建设

教师是立教之本、兴教之源，承担着让每个孩子健康成长、办好人民满意教育的重任。对教育方针的理解执行程度，决定着教师的政治认识、思想觉悟和日常的教育教学达到的高度，影响着党的领导的实现程度。教师立足岗位履职尽责、践诺笃行的过程，就是党的教育方针具体贯彻落实的过程，也是党组织领导的具体实现过程。这就要求教师必须坚持显性教育和隐性教育相统一，在挖掘不同学科教学内容蕴含的思想政治教育资源过程中，普遍开展课程思政建设，体现党的意志，实现党的领导。把立德树人转化为教育理念，形成全员参与、全过程介入、全课程渗透的育人格局，从而推动各类课程与思想政治理论课同向同行，推动各类活动与思想政治工作同频共振。让学生在掌握学科理论知识、实践技能的同时，不断加强世界观、人生观、价值观的培养，培育道德情操、高尚人格，提升学生的综合素质能力。要坚持从学校实际出发，努力培养和造就一大批具有超前教育思想和先进教育理念的学科带头人，打造一支业务精良的优秀教师队伍，做到"一师一优课，一课一名师，课课有精品"。

所以，中小学校党组织必须坚持党管人才原则，引领教师增强专业意识，提高专业本领，不断强化为党育人的光荣感和责任感，提高教书育人水平，激发职业尊严感和职业幸福感。要引导全体教师按照"四有"好老师、"四个引路人"和"新时代的大先生"的标准加强自身修养，全面提升自身专业素养和教育教学能力。要依靠高素质的教师队伍和高质量的教育教学实践，促进学校教育教学高质量发展。

【工作案例】

增强课程思政融合意识，提升数学学科育人品质 ①
——南开中学创办"精品教研活动"成功举行

2021年5月20日，为深入贯彻《落实核心素养，推进教学增值——新时代天津市中小幼教研品质提升工程》工作要求，展示和推介天津市初中数学学科优秀教研经验和成果，经天津市南开中学申报、天津市教育科学研究院课程教学研究中心评审批准，天津市南开中学初中数学学科创办的"精品教研活动"成功举行。

本次活动在天津市南开中学翔宇楼报告厅举行。参加活动的有天津市教育科学研究院课程教学研究中心数学室主任刘金英、课程室吕玲丽老师，有评审组专家，有天津市蓟州教师发展中心郭福生老师、天津市和平区教师发展中心顾洪敏老师、天津市河西区教师发展中心姚丽红老师，有天津市南开中学校领导、骨干教师及数学学科"十四五"教育科研课题《课程思政在中学数学教学中的实施研究》的课题组成员，有天津市各区初中数学教研员、天津市中小学"学科领航教师培训工程"和天津市中小学"乡村教师专业能力提升项目"的学员，以及天津市初中数学学科骨干教师等，共160多人。

本次活动的主题是"增强课程思政融合意识，提升数学学科育人品质"，活动由天津市南开中学数学学科主管林秋莎老师主持，主要有三部分内容。

第一部分，课例展示。首先，天津市南开中学党委书记李轶执教人教版义务教育教科书八年级下册第十九章第一节《变量与函数》（第二课时）。本节课，从"滴水浪费"实验切入，依"创设情境，

---

① 增强课程思政融合意识，提升数学学科育人品质——南开中学创办"精品教研活动"成功举行［EB/OL］.（2021–06–02）［2022–05–26］.http://www.nkzx.cn/dynamicTeachingDetail.do?id=15632.

引入新知；观察思考，探究新知；例题讲解，应用新知；巩固练习，深化认识；归纳总结，反思提升；布置作业，拓展延伸"展开，以播放国家节水行动公益宣传短片收尾，旨在唤起节水意识，加强水资源保护。整节课既有价值观和方法论的指导，又不失数学学科专业的水准，同时通过教师的言传身教和学生的积极参与，体现了数学课堂中关于思维方式的潜移默化的引领，为基于课程思政的教学实践研究提供了优秀的案例。然后，南开中学刘静波老师介绍了本节课的磨课过程。刘老师从整体教学设计、实验操作指导、课件制作、试讲后调整优化等环节，介绍了本节课的打磨过程。可以感受到，精品课例的背后是南开中学数学团队的精益求精和求真务实，给大家留下了深刻的印象。

第二部分，主旨发言。李轶书记以《关注育人元素，增强理性认知，提升数学学科课程思政的融合度》为题，围绕"以育人之要，引领课程思政的落地生根；以理性之思，达成课程思政的要素契合；以融合之策，推进课程思政的浑然天成"三个方面，分享了自己在经历了备课阶段的学习研究、授课阶段的尝试探索以及课后阶段的反思提升等环节后的收获。特别是其中指向"育人、理性、融合"的理解与思考、研究与实践，对于实施"课程思政"的进一步研究，具有重要的借鉴作用。

第三部分，专家点评。市教科院刘金英老师对本次活动进行了点评和总结，并作了题为《基于课程思政，推进协同育人》的专题报告。刘金英老师从"基于课程思政，聚焦核心问题；开展教学研究，探索实施策略；提升数学素养，推进协同育人"展开，指出初中数学学科教学应积极践行"课程思政"教育理念，立足课堂，以学科内容为载体，通过教学内容的设计与实施，引导学生形成正确的世界观、人生观、价值观等，帮助他们成就"爱国爱群之公德，服务社会之能力"。

最后，刘金英老师对本次教研活动的圆满举办再次给予了充分的肯定：活动能够契合主题，并紧扣主题，重点突出，研讨深刻，活动中所展示的典型案例及其研究，为实现初中数学课程与思想政治理论课同向、同行，实现"全员、全过程、全方位"育人提供了宝贵的实践经验。

【案例分析】

从以上案例可以看出：

新时代，"课程思政融合"成为各学科教学研究的重点、难点和热点。南开中学党委书记李轶带领教师团队以"增强课程思政融合意识，提升数学学科育人品质"为主题的精品教研活动在南开中学举行。

参加活动的有天津市教育科学研究院课程教学研究中心数学室、课程室的领导和评审组专家，天津市蓟州教师发展中心、天津市和平区教师发展中心、天津市河西区教师发展中心、天津市各区初中数学教研员，天津市中小学"学科领航教师培训工程"和天津市中小学"乡村教师专业能力提升项目"的学员，以及天津市初中数学学科骨干教师等；有天津市南开中学校领导、骨干教师及数学学科"十四五"教育科研课题《课程思政在中学数学教学中的实施研究》的课题组成员，共160多人。

南开中学党委书记李轶亲自执教展示课，并以《关注育人元素，增强理性认知，提升数学学科课程思政的融合度》为题作了主旨发言。市教科院专家对本次活动进行了点评和总结，并作了题为《基于课程思政，推进协同育人》的专题报告。该学术活动契合主题，并紧扣主题，重点突出，研讨深刻，活动中所展示的典型案例及其研究，为实现初中数学课程与思想政治理论课同向、同行，实现"全员、全过程、全方位"育人提供了宝贵的实践经验。

这次学术研讨和展示交流活动，充分凸显了南开中学在学校党委和学校行政的领导下，对数学组教师深入开展课题研究和实践探索给予的支持和重视。该校数学学科教学践行"课程思政"理念，立足课堂，以学科内容为载体，通过教学内容的设计与教学实践，引导学生形成正确的世界观、人生观、价值观等，帮助他们成就"爱国爱群之公德，服务社会之能力"。其研究成果得到了研究机构专家和一线教师的高度评价。

这样的学术活动向全市数学教师展示了南开中学教师的高站位和研究实力，发挥了南开中学在天津市"课程思政"方面的引领和示范作用，凸显了南开中学党委和学校行政带领广大教师开展"课程思政"的高水平，为天津市数学教师的教学研究和实践提供了"样板"，搭建了学习、交流和研讨的平台。

（四）党组织领导的行政和后勤保障队伍建设

学校行政和后勤工作是学校教育工作的重要组成部分，其工作目标是为学校的发展服务，为教学服务，为师生的学习、生活和工作服务。因此，学校后勤工作具有服务和育人的双重功能。中小学校党组织要加强对行政和后勤工作的领导，积极引导行政和后勤人员作为"不上讲台的教师"，始终围绕教育教学这个中心，通过外在形象和内在素质的表现、精湛的业务技能操作感染学生，把后勤职工的优良品德、高尚情操和正确的世界观、人生观、价值观传递给学生。后勤人员要充分认识到自身价值，不妄自菲薄，充分认识行政和后勤工作的教育属性，以高度的自豪感和使命感为学校发展作应有贡献。在实际工作中，要处理好服务与育人的关系，坚持行政和后勤"姓教"的原则，时时刻刻不忘服务育人宗旨。

中小学校党组织要教育引导行政和后勤人员，推动行政后勤工作不断提高智能化水平，提高服务育人能力。要通过多种形式的技术改进提升服务效率，开展多种形式的技能培训和展示活动，不断提高员工的综合素质，使其掌握各项服务技能和服务礼仪，提高服务水平。具有特别专业技能水平的员工，还应该积极承担劳动教育的工作，根据各自的优势，为学生开设丰富多彩的劳动实践活动课程。具体指导学生进行基本生活技能和专业技能的学习和训练，训练和提高学生使用工具的技能、感悟创新设计的方法、享受劳动的快乐、分享手脑并用带来的乐趣、感受劳动创造物质财富和精神财富的奇妙、体验劳动的价值，成为指导学生劳动教育实践课程的兼职教师。

【工作案例】

家校携手，助力学子健康成长 ①

——家长代表走进北京十二中本部校区参与家校共育

《北京市"十四五"时期教育改革和发展规划（2021—2025年）》明确指出：鼓励学校开放办学，完善公众参与学校议事、监督和意见反馈的制度和渠道，密切学校与家庭、社会的关系。

2021年10月12日，北京的天空湛蓝如洗，秋日的暖阳洒满即将整修完毕的北京十二中本部校区崭新的田径场。在400米标准田径场上，红色的跑道、绿色的足球场旧貌换新颜。上午9：30，利用课间操时间，学校对刚刚施工完毕的塑胶跑道和即将施工的硅PU篮球场施工材料及工艺集中进行抽样检测。参加监测的有学校党委委员、副校长、后勤保障部、学生成长指导部和体育组教师代表，还有工程设计方、施工方和监理方代表，更有家长和学生代表。学校后勤保障部王海峰主任主持监测活动。

全体人员来到已经施工完毕的田径场跑道，集中听取工程设计单位"航天七院"高级工程师朱工和建设单位"山东泰山体育工程公司"代表付工对操场建设进行的简要介绍。内容包括：原有田径场地使用情况，设计方案、施工材料和施工工艺，工期进度等。通过专业人员的介绍，老师、家长、学生更全面、清晰地了解了田径场工程设计、材料选择、施工流程等各方面的要求。

介绍完毕，大家身临其境地感受着塑胶跑道、足球场人工草皮施工后的舒适质感，并对胶水、塑胶颗粒等材料的性能、品质逐一

---

① 家校携手，助力学子健康成长！家长代表走进北京十二中本部校区参与家校共育［EB/OL］.（2021-10-14）［2022-05-26］. http://www.bj12hs.com.cn/2021/djxw_0317/6639.html.

了解。在大家的共同见证下，施工方对塑胶跑道和篮球场硅PU面漆等按要求进行现场采样，采样结束将按要求送往国家建材检测中心进行科学检测，待检测结果出来后及时通报家长和师生代表。

操场抽样检测前期工作结束后，党委委员、副校长诚邀家长代表到会议室座谈交流，认真耐心地听取家长对学校教育教学和管理服务的建议，交换育人心得。当家长提出不太了解孩子在校用餐情况时，学校主管学生工作的老师立即邀请家长们前往学生食堂实地参观了解。

北京十二中一向重视食品安全，注重日常对学生餐饮保障各项工作的落实。严格干部教师每日陪餐制度，主管部门的领导老师常态化巡视学生就餐过程，及时发现问题并处理，努力为广大师生做好餐饮服务。

北京十二中联合总校在全国率先进行家校社共育咨询室建设，努力践行家校社携手共育理念，开展家长工作坊、家长夜校等丰富多彩的共育活动。

今后，在做好疫情常态化防控前提下，学校将邀请更多家长进入校园，与学生代表一起走进食堂了解整个进货、加工、售卖等流程，并鼓励更多家长参与校园治理，共商家校携手共育大事，助力学子德智体美劳全面发展。

【案例分析】

从以上案例可以看出：

一是北京十二中党委、后勤保障部、学生成长指导部坚持管理育人和服务育人理念，高度重视校园安全工作，助力学子德智体美劳全面发展。

二是北京十二中在后勤服务工作中，坚持家校携手共育大事，在学校运动场地改造和学校餐饮保障工作过程中，诚邀老师、家长和学生代表参与监测活动，不断改进和完善老师、家长和学生代表民主参与学校议事、监督和意见反馈的方式。

三、党组织领导的中小学群团和统战队伍建设

（一）党组织领导的教代会和工会队伍建设

中小学校教职工大会（教职工代表大会）（以下简称"教代会"）是教职工依法参与学校民主管理和监督、维护自身合法权益的基本形式，在学校党组织领导下开展工作，工作机构为学校工会，负责闭会期间的日常工作。

新时代，教代会是全体教职员工参事议事，维护教职工切身利益，审议学校发展规划、制度机制配套和学校章程，促进学校民主建设等的重要制度。中小学校党组织必须加强对教代会和工会的全面领导，充分调动教职工参事议事的积极性，紧紧依靠广大教职工，发挥他们的积极性和创造性，使其积极配合学校党组织和行政部门，健全和完善学校章程，全面推进学校依法依规的现代化治理机制建设，全面提升学校的管理水平。要依靠教代会和工会，以师德建设为核心，提高教师队伍整体素质。认真贯彻执行《中小学教师职业道德规范》，严禁体罚和变相体罚，严禁从事有偿家教等一切违反教师职业道德的行为，广为宣传并接受监督。要配合党政搞好教职工师德考评工作，通过评比先进教师、师德标兵等活动，培育教职工的良好师德风范，牢固树立"德高为师，身正为范"的思想。进一步更新教育观念，增强教师履行师德规范的责任感和自觉性。

工会干部要在学校党组织的领导下，认真倾听全体教职员工和离退休教师的呼声和建议，要充分利用退休的老领导和老教师在社会上的影响力，以及在青年教师的培养和学生课外活动中的指导作用，为学校的发展贡献力量。要了解教职员工的建议和要求，努力为教职员工群众排忧解难。工会干部应该不断强化服务意识和奉献精神，要根据学校实际条件，利用各种节假日开展送温暖活动，努力为教职工办实事和好事，让党组织的领导和对教职员工的关爱得到充分体现。

【工作案例】

上海中学举行第十届教代会第十六次会议 ①

2022 年 2 月 22 日，上海中学第十届教代会第十六次会议于逸夫楼二楼会议室举行。上海中学校长冯志刚、党委书记兼副校长王辉、上海中学副校长兼东校校长徐岳灿、副校长朱臻、党委副书记樊新强、教职工代表出席，党委副书记兼工会主席张泽红主持会议。

会上，冯志刚校长首先就岗位设置作了说明，教职工代表投票选举晋级教师。冯志刚校长希望全体代表要牢记全校教职工的信任和重托，以高度的主人翁精神和强烈的责任感、使命感，讲全局、议大事，积极为学校的发展建言献策，实现学校整体智慧的凝聚。

百年征程风正劲，重任千钧再奋蹄。教代会的召开，凝聚着全体教职工对学校发展的共识，描绘了学校未来发展的美好图景。

【案例分析】————————————————————————

从以上案例可以看出：

上海中学党委副书记兼工会主席主持教代会，校长首先就岗位设置作了说明，并作会议动员，教职工代表投票选举了晋级教师。

这充分体现了上海中学党委和校行政领导班子团结一心，严格遵循学校管理制度，通过教代会选举，激发全体教职员工高度的主人翁精神和强烈的责任感、使命感，讲全局、议大事，积极为学校的发展建言献策，凝聚着全体教职工对学校发展的共识，共同描绘了学校未来发展的美好图景。同时彰显了学校党组织依靠全体教职员工的民主参与，管控学校发展大局的责任担当。

———————————————

① 上海中学举行第十届教代会第十六次会议［EB/OL］.（2022-02-23）［2022-05-26］.http：// www.shs.cn/info/1026/8364.htm.

（二）党组织领导的民主党派队伍建设

中国共产党与各民主党派合作的基本方针是"长期共存、互相监督、肝胆相照、荣辱与共"，合作方式为中国共产党领导的多党合作和政治协商制度。中国八大民主党派作为参政党在自己的党章中都明确规定接受中国共产党的领导，参政议政。

这些民主党派会聚了各类高层次人才，这些人才中有专门研究基础教育的专家和学者，他们在实践中以不同的方式积极支持和参与基础教育的改革工作，在大中城市的中小学校中还有这些党派的基层组织和盟员。

所以，有条件的中小学校党组织要充分发挥各民主党派组织和成员的作用，为他们提供在学校发展改革中参政议政的机会和平台。还要积极主动寻找、充分利用各民主党派的各种优势资源，为学校的改革发展、教师的专业发展以及学生的健康成长出谋献计、搭建平台、提供机会。

【 工作案例 】

民盟北京十二中支部召开学习北京市
第十三次党代会会议精神交流会①

2022 年 7 月 12 日，为深入贯彻落实北京市第十三次党代会精神，民盟北京市第十二中学支部召开了学习北京市第十三次党代会精神交流会。会议采取线上和线下相结合的形式，支部主委刘波老师主持会议。

活动有幸邀请到北京市第十二中学联合总校党委书记阮守华作文件解读。阮守华书记就蔡奇书记在大会上作的报告进行了详细解读，为盟员们更好地理解市党代会精神作了全面辅导。他表示，大

---

① 民盟北京十二中支部召开学习北京市第十三次党代会会议精神交流会［EB/OL］.（2022–07–12）［2022–10–12］.http://www.bj12hs.com.cn/2022/djxw_0317/6639.html.

会全面总结了过去5年首都发展取得的重要成就，并对首都北京未来5年发展进行了战略部署。他从9个方面具体解读了首都发展新征程，希望大家认真学习党代会精神，以实际行动助推新时代首都发展。

支部主委刘波对阮书记的解读表示衷心感谢，并要求与会盟员通过今天的学习，锚定新时代首都发展目标任务，围绕"四个中心"开展调研协商、建言议政，更好地发挥民主党派参政议政作用。希望各位盟员能够积极撰写、报送学习心得体会，积极建言献策，积极参与学校各项教育教学改革工作，为全面提高教育教学质量作出贡献。

【案例分析】

从以上案例可以看出：

北京十二中联合总校党委高度重视民主党派工作，通过民盟北京十二中支部活动，联合总校党委书记就蔡奇书记在北京市第十三次党代会上作的报告进行了详细解读，为盟员们更好地理解北京市党代会精神作了全面辅导，将党代会精神及时传达给每一位民盟盟员。盟员们表示，要锚定新时代首都发展目标任务，围绕"四个中心"开展调研协商、建言议政，更好地发挥民主党派的参政议政作用。积极参与学校各项教育教学改革，为全面提高教育教学质量作出贡献。

（三）党组织领导的学科学会和学术委员会队伍建设

随着教育事业的发展和课程改革的不断深化，中国教育学会和各学科研究者组成的各类学科学术团体，以及各级教育部门的学科教学研究机构的活动日趋繁荣，尤其是一些名校的领导、教师成为很多学科学术研究会和研究机构的骨干力量或领导，这些学术活动源于学校的学科教学，又高于学校的学科教学。

所以，中小学校党组织要充分运用这些资源，把学校的优秀教师推荐出去，也要把这些高端的学术研讨会引入学校，让更多的教师了解学科研究发展的前沿，并联系学校实际，积极开展各种形式的学术研究、交流探讨，促进自身专业素养的提升，并带动更多的教师参与实践研究，让更多的学生受益，促进学校高质量发展。

（四）党组织领导的共青团、妇联、少先队队伍建设

中国共产主义青年团是中国共产党领导的先进青年的群团组织，是广大青年在实践中学习中国特色社会主义和共产主义的学校，是中国共产党的助手和后备军。

中国妇女联合会是中国共产党领导的为争取妇女解放而联合起来的中国各族各界妇女的群众组织。它具有广泛的群众性和社会性，是中国共产党和人民政府联系妇女群众的桥梁和纽带，是中华人民共和国的重要社会支柱之一。

中国少年先锋队是中国少年儿童的群团组织，是少年儿童学习中国特色社会主义和共产主义的学校，是建设社会主义和共产主义的预备队。中国少年先锋队的创立者和领导者是中国共产党。中国共产党委托中国共产主义青年团直接领导中国少年先锋队。

共青团、学生会和少先队创造性地开展组织教育、自主教育、实践活动，保护和关心少年儿童的成长，坚持以社会主义思想和共产主义精神教育少年儿童，引导他们听党的话，好好学习，天天向上，从小学习做人、从小学习立志、从小学习创造，从小学先锋、长大做先锋，爱祖国，爱人民，爱劳动，爱科学，爱社会主义，锻炼身体，培养能力，学习和实践社会主义核心价值观，努力成长为担当民族复兴大任的时代新人，做共产主义事业的接班人。

共青团、妇联等群团组织是党领导下的政治组织，政治性是群团组织的灵魂。各群团组织要认真履行政治职责，充分发挥联系人民群众的桥梁和纽带作用，加大政治动员、政治引领、政治教育工作力度，更好承担起引导群众听党话、跟党走的政治任务，把自己联系的群众最广泛最紧密地团结在党的周围。所以，中小学校党组织机构中必须明确安排专人分工负

责工会、共青团、妇女组织、少先队等群团组织工作，支持和帮助群团组织充分发挥其职能作用，教育、引导全体共青团员、妇女和少先队员学习中国共产党的知识、理解党的教育方针、学习和实践社会主义核心价值观，努力成长为担当民族复兴大任的时代新人，让党组织的领导实现学校工作的全覆盖。

【工作案例】

共庆百年话初心，党旗飘扬巾帼红 ①
——北京十二中举行 2021 年春季学期主题教育

2021 年 3 月 8 日上午，北京十二中本部校区举行"共庆百年话初心，党旗飘扬巾帼红"2021 年春季学期第一次主题教育。

主持人：高一（4）班闻芮彤

五星红旗随风飘扬，全校师生庄严唱响国歌。

致敬百年史　奋斗新征程

2021 年是中国共产党百年华诞。百年征程波澜壮阔，百年初心历久弥坚。在主题教育活动中，师生首先通过视频《一只小船和一个大党的故事》共同回顾了 100 年前嘉兴南湖上中国共产党诞生的伟大历史时刻。

随后，北京十二中党委书记王自勇作《致敬百年史 奋斗新征程》主题动员发言。王书记阐述了"红船精神"的深刻内涵："红船精神"作为党的革命精神之源，构成了中国共产党革命精神和当代中国精神的核心内容。正是这艘承载先辈们最初革命理想、承载国家命运和人民希望的小小红船，越过急流险滩，穿过惊涛骇浪，成为领航中国行稳致远的巍巍巨轮。

王书记讲道，2021 年，北京十二中联合总校将开展建党 100 周

---

① 共庆百年话初心，党旗飘扬巾帼红——北京十二中举行 2021 年春季学期主题教育［EB/OL］.（2021–03–08）［2022–05–26］.http://www.bj12hs.com.cn/2021/djxw_0317/6639.html.

年系列教育实践活动，动员广大师生深入了解"四史"，深入学习习近平新时代中国特色社会主义思想，传承党的光荣传统、红色基因和学校文化，将爱党爱国爱校内化于心外化于行，谱写北京十二中高质量发展新篇章。

王书记号召全体师生以实际行动学习党的历史、弘扬党的精神，继承党的事业，激励大家以革命先辈为榜样，为祖国和人民奉献青春、建功立业。"胸怀千秋伟业，恰是百年风华"，北京十二中师生一定会在新百年的起点上砥砺前行、不懈奋斗，书写更加夺目的华彩篇章！

春风润万物　巾帼展风采

又是一个草长莺飞的三月初春，一年一度的"三八"妇女节如约而至。高一年级胡小蒙老师代表学校全体男同胞向女同胞们送上了真挚的节日祝福。

胡老师首先讲到了妇女节的由来以及随着社会的不断发展，妇女节的内涵有所改变，人们更多地借妇女节表达对身边女性的浓浓爱意。胡老师也犀利地指出当今社会在男女两性平等、平权的问题上仍有很大进步的空间，目前的女性在职场和家庭生活中仍然面临着比男性更大的挑战。

胡老师接着从自己的工作感受出发，赞美了北京十二中优秀的女性教师们：她们是实干家，用高度负责任的态度去对待工作和事业；她们是创造者，面对一轮轮新时代教育的巨大改革，始终用开放的思想来指导教育工作；她们更能敏锐地体察身边人的感受，了解学生的困惑、同事的困难，并施以热心的帮助。

胡老师也激励全体女同学将身边的女老师们当成自己的榜样和目标，观察她们如何思考、如何工作、如何学习、如何做事，通过自己的努力和沉淀，将来成长为精神高贵、闪闪发光的女性。

共庆百年话初心，党旗飘扬巾帼红。希望全体师生都能积极参与到庆祝建党百年活动中来，同时也祝贺北京十二中全体女教职员工节日快乐！愿我们都能以史为帆，初心做桨，在党的精神号召下志存高远、脚踏实地，在实现中国梦的生动实践中放飞青春梦想，在为人民利益的不懈奋斗中书写人生华章！

【案例分析】

从以上案例可以看出：

北京十二中党委和学校领导善于抓住机遇，深入宣传贯彻习近平新时代中国特色社会主义思想，传承党的光荣传统、红色基因和学校文化，激励广大师生以革命先辈为榜样，为祖国和人民奉献青春、建功立业。将爱党爱国爱校内化于心外化于行，谱写北京十二中高质量发展新篇章。

学校领导向女同胞们送上了真挚的节日祝福，赞美了北京十二中优秀的女性教师。也激励全体女同学将身边的女老师们当成自己的榜样和目标，观察她们如何思考、如何工作、如何学习、如何做事，通过自己的努力和沉淀，将来成长为精神高贵、闪闪发光的女性。这样的活动，充分展现了党组织和学校领导对妇联工作的高度重视，让女教师和女同学都深切感受到党组织的温暖，党旗飘扬巾帼红！

【工作案例】

南开中学开展纪念五四百年系列活动 ①

2019 年是五四运动 100 周年，为深入贯彻落实习近平总书记在纪念五四运动 100 周年大会上的重要讲话精神，南开中学组织学生开展了纪念五四百年系列活动，弘扬南开爱国精神，展现新时代青年风貌。

5 月 5 日下午，南开中学在瑞廷礼堂隆重召开主题为"青春心向党 建功新时代"的五四纪念大会。在五四运动 100 周年的特殊日子

---

① 南开中学开展纪念五四百年系列活动.（2019–05–06）［2022–05–26］.http://www.rkzx.cn/moralDynamicDetail.do?id=15413.

里，又一批优秀南开学子，在团旗下庄严宣誓，志愿加入中国共产主义青年团，为共产主义事业而奋斗。同时，一大批表现优秀的青年团员和团支部集体得到表彰。之后，南开中学请来中央电视台资深新闻人白岩松做客南开公能讲坛第一百一十二讲，讲述百年五四的影响与青年学子的传承。

除召开纪念大会之外，南开中学团委号召各团支部，围绕以"爱国、民主、科学、进步"为主要内容的五四精神，组织青年团员召开主题团日活动，依托青年大学习平台，开展丰富多样的学习活动，在全校形成积极、浓郁的五四精神学习氛围。各团支部还开展了"唱响青春团歌、重温入团誓词"活动。青年学生们纷纷表示，无论是在学习还是生活中都将时刻以五四精神激励自己，争取在德智体美劳等方面全面发展，充分展现新时代南开青年的绚丽风采。

为了表达新时代青年的雄心壮志，南开中学学生还改编了歌曲《骄傲的少年》："百年之后新时代的少年，祖国未来担负在我们双肩……"用青年学生喜闻乐见的形式，在新中国成立70周年、五四运动迎来100周年纪念之际，表达南开人为中华之崛起而读书的远大志向！

南开中学开展的五四百年系列活动，旨在深入贯彻落实习近平总书记在纪念五四运动100周年大会上的重要讲话精神，坚持立德树人的根本任务，结合我校青年学生的情况，以传承南开公能精神，培养新时代的奋进者、开拓者、奉献者为目的，激励新时代青年学生为全面建成小康社会、加快建设社会主义现代化国家、实现中华民族伟大复兴的中国梦而奋斗。

【案例分析】

从以上案例可以看出：

南开中学开展的纪念五四百年系列活动，以习近平总书记在纪念五四运动100周年大会上的重要讲话为指导，围绕以"爱国、民主、科学、进步"为主要内容的伟大五四精神，坚持立德树人的根本任务，结合学校青年学生的情况，以传承南开公能精神，培养新时代的奋进者、开拓者、奉献者为目的，激励新时代青年学生为加快建设社会主义现代化国家、实现中华民族伟大复兴的中国梦而奋斗。内容丰富、有高度、有层次，充分展现了南开学子的爱国情怀和为中华之崛起而读书的远大志向！展现了中国共产主义青年团的先进性，更好地发挥了中国共产党的助手和后备军的作用！

【工作案例】

北京十二中附小举行新队员集体入队仪式：
从小学先锋，长大做先锋！ ①

2020 年 10 月 12 日，在中国少年先锋队第七十一个建队日来临之际，北京十二中附属实验小学举行了"从小学先锋，长大做先锋！"新队员集体入队仪式。瞧，小队员们列队整齐，眼神坚定，用行动表达了他们入队的向往和决心。

很多大朋友也来参加了这次入队仪式，他们是区委副书记、区少工委名誉主任高峰，区委常委、区委组织部部长葛海斌，区人大常委会副主任王百玲，区委教工委书记房书勇，区委教工委副书记、区教委主任、区政府教育督导室主任杨晓辉，团区委副书记、区少工委主任刘博涵，区委教工委副书记、区少工委副主任李梅，区教委副主任杨联文。

同学们最熟悉的北京十二中联合总校校长李有毅和十二中党委书记王自勇也来参加了小队员们的活动。高年级的哥哥姐姐为每一位来宾都献上了红领巾。

出旗、唱国歌

入队前，高年级的哥哥姐姐对小队员进行了队前教育，帮助他

---

① 附小举行新队员集体入队仪式：从小学先锋，长大做先锋！［EB/OL］.（2020–10–14）［2022–05–26］.http://www.bj12hs.com.cn/2020/dangjianxinwen_1014/6341.html.

们完成入队的光荣愿望。当振奋人心的国歌声响起，他们奋力歌唱；当队旗从眼前飘过，他们立志要为它增光添彩。

入队、宣誓

虽然少先队在每个阶段都有不同的名称，但队员们对红领巾的热爱不会变。老师们宣读完入队名单后，新队员就正式入队啦！优秀少先队员代表为新队员戴好红领巾，新队员用标准的少先队队礼回应。到场的来宾还给小队员送了纪念礼盒，珍藏这份难忘的记忆。

戴好红领巾，新队员宣誓，这是他们第一次宣誓，每一句誓词都清晰地印在脑海里。

成立"红领巾志愿服务队"

垃圾分类是每一位同学都应该做的，身为少先队员，一定要带动和帮助身边的人，主动承担起责任。经过新队员共同倡议，学校少工委批准成立"红领巾志愿服务队"。

活动结束后，小队员们还当起了"小导游"，带领各位来宾参观了校园，一起看垃圾宝贝之家、科技节大船、南瓜节作品、气象展板、心愿树、成语风铃、点赞台、问题墙……

相信新队员们，今后一定会用自己的实际行动为红领巾增添新时代的光彩！

【案例分析】

从以上案例可以看出：

在中国少年先锋队第七十一个建队日来临之际，中国共产党丰台区委，丰台区委宣传部、组织部，人大常委会、区少工委、区教工委、区教委等领导亲临北京十二中附属实验小学举行的"从小学先锋，长大做先锋！"新队员集体入队仪式活动。这充分表明北京市丰台区各级党组织对中国少年先锋队工作的高度重视，说明北京十二中联合总校党组织和总校长善于抓住机遇，加强对少先队员的政治引领，体现党组织对少先队建设工作的高度重视。

（五）党组织领导的学生会和学生社团队伍建设

学生会是学校联系广大学生的桥梁和纽带，是全体学生的群众性组织，服务学生的学业发展、身心健康、社会融入、权益维护等。凡在学校学习的中国学生，不分民族、性别、宗教信仰均为学生会会员。学生会以全心全意服务学生为宗旨，发挥学校党政联系广大学生的桥梁和纽带作用，在党组织的领导和团组织的指导帮助下，依照法律、学校规章制度和学生会章程开展工作。

学生社团是指学生在自愿基础上形成的各种群众性文化、艺术、学术团体。学生社团不分年级、系科甚至学校的界限，由兴趣爱好相近的同学组成，在保证学生完成学习任务和不影响学校正常教学秩序的前提下开展各种活动。目的是活跃学校学习氛围，提高学生自治能力，丰富课余生活；交流思想，切磋技艺，互相启迪，增进友谊。学生社团的种类很多，如各种学术、社会问题研究会，文艺社，棋艺社，影视评论社，摄影社，美工社，篆刻社，歌咏队，剧团，篮球队，足球队，信息社，动漫社等。

所以，中小学校党组织中应该明确安排专人分工负责指导学生会工作，或安排学校德育处，或委托学校共青团组织指导帮助学生会工作。在中小学校，特别是在中学，要充分发挥学生会和学生社团组织中学生干部的作用，为学生积极参与学校发展的参事议事提供机会和平台；通过学生会为全体学生提供学习中国历史知识、中华优秀传统文化，理解党的教育方针，学习和实践社会主义核心价值观的机会和平台；并通过学生会和学生社团组织开展富有特色的活动，培养学生自主、自立、自律、自助、自理、自治的意识和能力，为发展学生的个性特长提供机会和平台，让党组织对青少年儿童的关爱和期望根植学生心灵，激励他们成长为担当民族复兴大任的时代新人。

【工作案例】

"复旦大学—上海中学学术兴趣与素养培育的导师制计划" 2021 学年联席会议举行 ①

2022 年 1 月 4 日，复旦大学—上海中学"学术兴趣与素养培育的导师制计划"2021 学年联席会议于上海中学图书馆报告厅举行。复旦大学教授代表张华青、蒋玉龙、薛磊、程蕾蕾、张寅，复旦大学招办主任潘伟杰教授，上海中学校长冯志刚，上海中学副校长朱臻，复旦大学招生办公室副主任朱晓超、助理黄晓平，上海中学校务办主任刘茂祥，教学处副主任李锋云、张智顺，以及参与计划的上海中学师生代表参加了会议。本次会议由上海中学教学处主任树骅主持。

上海中学校长冯志刚感谢复旦大学对上海中学"学术兴趣与素养培育的导师制计划"的鼎力支持与贡献，并表示此计划的开展对学生的可持续发展产生了积极影响，期待复旦大学专家团队能够为学生未来的发展奠定更加坚实的基础。

复旦大学招办主任潘伟杰教授祝贺上海中学在每一个领域取得的进步，感谢上海中学给予其的温暖，感谢同事们的努力让"复导计划"顺利开展，认为"复导计划"让优秀学子发现自己的兴趣和热情，希望两校继续作出不懈的探索与努力。

高一（10）班的史庭轩同学表示，"复导计划"帮助同学们明确志趣与潜能，既在学业上给予启示，也在人格上引领着同学们。

高二（1）班的徐怀若谷同学感谢学校为同学们提供平台，同时感谢老师们的悉心教导与辛勤付出。"复导计划"拓宽了同学们的知识面，同时加深了对学科的了解。

高三（5）班的薛志恒同学认为，"复导计划"帮助同学们学

---

① 案例选自 https://www.sohu.com/a/446494839_99952002。

习更加专业的学科知识，启发同学们对知识的探索热情。他代表所有参与"复导计划"的同学感谢两校，感谢所有老师与技术人员的支持。

上海中学教师代表周佳老师列举了郁喆隽教授、王德峰教授、朱刚教授、邵毅平教授的讲座内容，感谢复旦教授们的讲座拓宽了学生们的视野，提升了学生们的学术素养，帮助学生们成长为知行合一、勇于担当的高素质人才。

接着，与会专家围绕计划的开展情况、突破点等话题深入探讨，相互交流。

微电子学院蒋玉龙教授希望学生构建基础数理思维，搭建合理的知识架构，让学生有机会亲自去相关实验室参观，直观培养学生的兴趣。

复旦大学附属中山医院程蕾蕾教授感慨自己在"复导计划"带教过程中受益良多，并表示该平台为上中学子能力培养打开了视野。她建议"复导计划"开展小范围公开课，加大"复导计划"的辐射面。

生命科学学院薛磊教授表示，通过学生提问、教授点拨的方式能促进学生打下坚实的基础；建议给学生提问的机会，从中学鼓励学生数理化交叉，将数理化基础打扎实，并从全局角度思考问题。

哲学学院张寅副教授提出，学生需对知识持有健康的怀疑论，即对所学知识保持一种普遍的怀疑，并表示他个人在"复导计划"带教中也受益匪浅。

国际关系与公共事务学院张华青副教授提出，要提高育人质量，深入思考"复导计划"开放性与进出机制的设立，承担社会责任。

复旦大学招生办公室副主任朱晓超回顾过去一年的"复导计划"，希望推进后续相关活动的开展。

助理黄晓平希望"复导计划"能提高资源的利用率，并关注更多的上中学生。

"学术兴趣与素养培育的导师制计划"的开展激发出了上中学子

对知识探索的热情，校内教师和复旦教授的悉心指导让上中学子确定了自己的目标，坚定了前行的信念。上中学子在以后的求学道路上将更加步履坚定，矢志不渝！

【案例分析】

从以上案例可以看出：

上海中学党组织和学校行政领导班子高度关注和重视学生的发展工作。通过学生会和学生社团组织开展富有特色的活动，为发展学生的个性特长提供机会和平台，让党组织对青少年儿童的关爱和期望根植学生心灵，激励他们成长为担当民族复兴大任的时代新人。

上海中学党组织积极主动争取复旦大学的支持，通过复旦大学——上海中学"学术兴趣与素养培育的导师制计划"聚焦"学术兴趣与素养培育"，将高校资源引入中小学，积极探索"双高衔接"一体化创新人才培养的新模式。复旦大学导师对上海中学学生既在学业上给予启示，也在人格上引领，帮助学生明确志趣与潜能，为学生未来的发展奠定更加坚实的基础；拓宽学生的视野，加深其对学科的了解，提升学生的学术素养，帮助学生成长为知行合一、勇于担当的高素质人才。该计划起点高、工作实、效率高，并形成常态化推进机制，具有很强的可持续性。

第五章 党组织领导的中小学教师管理

"教师是教育发展的第一资源"[①]，有高质量的教师才会有高质量的教育。教师作为中小学教育教学与教育管理工作中的关键力量，在教书育人及教育管理体制机制运行中发挥着极其重要的作用。对于中小学教师的有效管理理所当然地也成了一件迫在眉睫的事情。而党组织是一支具有先进性、纯洁性的优越领导组织。基于党组织领导下的中小学教师管理，不仅有利于教师政治素养的提升，还有助于教师职业道德的建设以及教师专业能力的培养。将中小学教师管理纳入党组织领导下，加强党对中小学教师管理的全面领导是办好教育的首要前提。

一、党组织领导的教师政治素养提升

学校应坚持以习近平新时代中国特色社会主义思想为指导，全面落实立德树人根本任务，坚持"围绕中心抓党建，抓好党建促发展"的工作理念，秉承"引领、示范、凝聚"的党建文化，切实发挥党建引领作用，夯实根基，谋篇布局，精准发力，做好学校全面工作，培养学生成德达才。

---

①《习近平总书记教育重要论述讲义》编写组.习近平总书记教育重要论述讲义［M］.北京：高等教育出版社，2020：203.

（一）坚持支部建设，打造战斗堡垒

为充分发挥党支部的战斗堡垒作用，更好地引领学校教育教学各项工作，学校支部委员会应组织召开党员大会，选举产生学校支部委员会委员。发挥支部在学校办学中的核心作用和领导地位，带领支部全面贯彻党的教育方针，明确培养什么人、怎样培养人、为谁培养人这个根本问题，争做"四有"好老师，当好"四个引路人"，努力促进学生德智体美劳全面发展。

培养社会主义合格建设者和可靠接班人是学校工作的核心，党支部要在保证办学方向的前提下，带领全体党员教师为培养社会主义建设者和接班人贡献力量。支部要全面加强党的建设，引领学校内涵发展，加强政治理论学习，发挥好支部的战斗堡垒作用和党员的先锋模范作用，引领教师队伍不断成长，引领学校蓬勃发展。

（二）把握教育方向，坚守教育使命

教育具有鲜明的政治属性。习近平总书记指出："培养什么人，是教育的首要问题。"[1] 我国是中国共产党领导的社会主义国家，这就决定了我们的教育必须把培养社会主义建设者和接班人作为根本任务，培养一代又一代拥护中国共产党领导和我国社会主义制度、立志为中国特色社会主义奋斗终身的有用人才。这是教育工作的根本任务，也是教育现代化的方向目标。学校党支部坚持社会主义的办学方向，全面贯彻落实党的教育方针，将立德树人根本任务落实到学校德育、学科教学、课程资源、学校治理体系建设各方面，积极探索新时代创新人才培养策略与方法，不断提升教书育人本领，努力培养德智体美劳全面发展的社会主义建设者和接班人。

---

[1] 培养什么人，是教育的首要问题—— 一论学习贯彻习近平总书记全国教育大会重要讲话精神［EB/OL］.（2018–09–13）［2022–05–26］.http：//www.moe.gov.cn/jyb_xwfb/xw_zt/moe_357/jyzt_2018n/2018_zt19/zt1819_gd/mtpl/201809/t20180913_348501.html.

【 工作案例 】

首都师大附中组织召开学习贯彻党的二十大精神座谈会 ①

2022 年 10 月 16 日上午，中国共产党第二十次全国代表大会在北京开幕。首都师大附中党委高度重视，将组织收听收看中国共产党第二十次全国代表大会现场直播作为重要政治任务，进行统一部署和精心组织，全体教职工以多种形式收听收看了党的二十大开幕会。

10 月 17 日上午，首都师大附中组织召开学习贯彻党的二十大精神座谈会，全体行政干部参会，交流聆听党的二十大报告的心得体会，进一步学习领会报告的精神内涵。

首都师大附中党委书记、校长沈杰在发言中提到，党的二十大报告主题鲜明、思想深邃，是全面建设社会主义现代化国家、全面推进中华民族伟大复兴的宣言书、动员令和行动指南，充满真理的力量、精神的力量和实践的力量，尤其是提出全面建成社会主义现代化强国的使命任务，也彰显了一个马克思主义大党、一个社会主义大国面对世界之变、时代之变、历史之变的自信与担当。报告制定了目标，强化了蓝图，鼓舞人心，令人振奋，让我们更加憧憬更加美好的未来。

随后，行政干部依次分享了对党的二十大报告的学习体会，并联系附中的发展变化畅谈感受。党的二十大报告以三件大事全面总结回顾新时代十年的伟大变革，从加快构建新发展格局、实施科教兴国战略、发展全过程人民民主等方面擘画了未来发展蓝图。其中，报告就"实施科教兴国战略，强化现代化建设人才支撑"作出专章

---

① 首都师大附中组织召开学习贯彻党的二十大精神座谈会 [EB/OL].（2022-10-17）[2022-11-20].http：//www.https://mp.weixin.qq.com/s?__biz=MjM5NzE2Nzc5Ng==&mid=2651603869&idx=1&sn=32ce36b32284af57eb9b76680da76cd7&chksm=bd26f4468a517d50216c45726399af2436465d8266bea158f33f3c1ef37dfa64053400fdc39a&scene=27.

部署，让大家深受鼓舞。作为一所百年名校，首都师大附中在新时代倡导办负责任、有内涵、有温度的成达教育。在上级党委的正确指导下，十年来，首都师大附中坚守立德树人初心，以高质量党建、科学研究为引领，构建了更高效能的学校治理体系，建设了高素质的专业化教师队伍，形成了更高水平的人才培养体系，实现了学校的跨越式发展。新起点、新使命、新方向，教育在新时代的历史方位更加明晰，大家一致表示，将以党的二十大精神为指导，立足自身岗位，踔厉奋发、勇毅前行，不断推动学校发展再上新台阶。

党的二十大报告提出，教育、科技、人才是全面建设社会主义现代化国家的基础性、战略性支撑。必须坚持科技是第一生产力、人才是第一资源、创新是第一动力，深入实施科教兴国战略、人才强国战略、创新驱动发展战略，开辟发展新领域新赛道，不断塑造发展新动能新优势。

最后，沈杰校长总结道，于基础教育工作者而言，要切实发挥学校育人主阵地作用，深刻领悟思想，勇担历史使命。首都师大附中党委将团结带领全体教职工，继续认真学习贯彻党的二十大的精神，坚持为党育人，为国育才，落实立德树人根本任务，培养德智体美劳全面发展的社会主义建设者和接班人，把学生培养成有理想、有本领、敢担当、能吃苦、肯奋斗的新时代好青年，为实现中华民族伟大复兴的中国梦贡献附中智慧和力量。

【案例分析】

党的二十大报告提出：教育、科技、人才是全面建设社会主义现代化国家的基础性、战略性支撑。必须坚持科技是第一生产力、人才是第一资源、创新是第一动力，深入实施科教兴国战略、人才强国战略、创新驱动发展战略，开辟发展新领域新赛道，不断塑造发展新动能新优势。

首都师范大学附属中学党委书记、校长沈杰准时组织学校全体教职员工收听收看中国共产党第二十次全国代表大会现场直播，认真学习领会党的二十大报告，及时组织全体行政干部交流学习心得体会。大家一致表示，将以党的二十大精神为指导，在新的起点明确新使命、把握新方向，切实发挥学校教书育人主阵地作用，深刻领悟思想，勇担历史使命。通过学习交流，进一步提高了干部、教师的政治思想觉悟，增强了干部、教师坚持为党育人、为国育才，落实立德树人根本任务的自觉性和主动性。

（三）加强队伍建设，增强发展活力

作为一所学校，拥有一支结构合理、师德高尚、教艺精湛、风格成熟的教师团队，是学校高质量发展的根基。

首先，抓好干部队伍建设，提升学校治理效能。学校领导干部的能力、素质和作风，关系到学校的未来发展。领导班子成员应注重自身能力的培养，以德为先，不断加强思想政治作风建设，利用中心组理论学习、党员大会、党小组会、党员之家微信群等多种学习方式武装头脑，保持和发扬"班子成员带头担当作为"的工作精神，锐意进取，形成齐抓共管、工作积极、责任到人的良好局面。同时，学校也应注重对年轻后备力量的培养，明确干部标准，优化学校干部队伍结构，为提升学校治理效能提供坚实的人力资源基础。

其次，强化教师党性教育，促进教育教学发展。"一个组织一座堡垒，一名党员一面旗帜。"[①]党支部应积极发挥党建引领作用，如充分借助学习强国平台，通过"线上＋线下"的方式有序开展党员教育活动。利用学习强国资源、党建书籍等，深入开展党的二十大精神的学习，提升教师党性修养；建立党员联系群众制度，组织党员承诺践诺，开展党员先锋岗等活动，创新党组织活动内容和方式，发挥党员教师的先锋模范作用，推进学校教育改革与发展，为学校中心工作的实现提供坚实的政治、思想和组织保证。

---

① 习近平. 干在实处　走在前列——推进浙江新发展的思考与实践［M］.北京：中共中央党校出版社，2016：458.

最后，加强教师队伍管理，激发教师创新活力。创新是国家、区域和个体生存与发展的关键驱动力。创新人才或创造性劳动者培养成为教育的基本目标和任务，中小学教师队伍建设必须适应创新人才培养的时代特征。培养创新型教师，也应成为学校党支部加强教师队伍管理的重要战略。学校可通过课题研究和实践应用，明确创新人才导向的教师队伍建设行动策略，为教师专业能力发展和专业风格形成提供可操作工具，有效引导教师行为转变，提升专业素养，形成专业风格，从而为创新人才培养提供创新型教师队伍保障。

二、党组织领导的教师职业道德建设

学校党组织在党建工作中，要与教师职业道德建设相结合，努力促进教师在日常教学工作中加强自身职业道德修养。学校的党员教职员工应该在日常教学工作中发挥模范带头作用，努力上好示范课、主动牵头举办相关主题活动，在教育教学实践中贯彻教书育人的教育理念，落实立德树人根本任务。要充分发挥党组织的战斗堡垒和党员的先锋模范作用，团结带领全体教职员工坚定理想信念、牢记初心使命、强化责任担当、认真履职尽责，力争成为有理想信念、有道德情操、有扎实学识、有仁爱之心的"四有"好老师；成为学生锤炼品德、学习知识、创新思维和奉献祖国的引路人；成为塑造学生品格、品行、品味的"大先生"。

（一）新时代的教师标准

教育不仅要促进学生作为个人的发展，也要促进他们作为社会成员的发展。换言之，教育要帮助学生寻求个人发展和社会需要之间的最佳平衡点。因此，需要在深刻洞察和把握社会关键特征以及教育核心目标与有效途径的基础上，为实现育人的双向目标制定可行的规划、计划和行动策略。具体而言，要做到爱教育、爱学生，通过释放爱与善、营造爱与善的环境陶冶学生向善的品德和能力；要做到从学生的立场理解学生、关爱学生，不把自己的思想和意志强加给学生；要把对学生负责、对教师负责、对教育负责、对社会负责、对未来负责的使命担当落实在教育教学的全过程和各个角落。

要充分认识到在普遍需要创新人才或创造性劳动者的当代和未来社会，只有发展学生创新能力等核心素养，才能培养出社会需要的人，才能满足其作为社会成员的发展需要。而创新能力源于个性的有效发展，且因人而异、各具特点。不难理解，即使单从社会需要的角度考虑也不得不充分考虑个性发展的需要，因此，教育策略需要朝着有利于学生个性发展的方向转移。与此同时，教育对象是人，而不是机器，在将孩子引向正确的方向时也要尊重孩子的个性，要"眼中有人"，做心中有人的教育。简言之，就是全心全意服务于学生个体发展与社会需要这个双向目标。它是党的新时代教育方针、立德树人根本任务以及办人民满意教育根本宗旨的浓缩和具体化。

1. "四有"好老师

2014 年第三十个教师节前夕，习近平总书记考察北京师范大学时发表重要讲话，勉励广大教师做有理想信念、有道德情操、有扎实学识、有仁爱之心的"四有"好老师。[①]

（1）做好老师，要有理想信念

教育是为人民服务、为中国共产党治国理政服务、为巩固和发展中国特色社会主义制度服务、为改革开放和社会主义现代化建设服务的，党和人民需要培养的是社会主义事业的建设者和接班人。好老师的理想信念应该以这一要求为基准。好老师应该做中国特色社会主义共同理想和中华民族伟大复兴中国梦的积极传播者。老师肩负着培养下一代的重要责任。正确的理想信念是教书育人、播种未来的指路明灯。一个没有正确理想信念的人是不能够成为一个好老师的。好老师心中要有国家和民族，要明确意识到肩负的国家使命和社会责任。

---

① 教育部关于建立健全高校师德建设长效机制的意见［EB/OL］.（2018-09-13）［2022-05-26］.http://www.moe.gov.cn/srcsite/A10/s7002/201409/t20140930_175746.html.

（2）做好老师，要有道德情操

老师的人格力量和人格魅力是成功教育的重要条件。合格的老师首先应该是道德上的合格者，应该是以德立身、以德立学、以德施教、以德育德的楷模。师者一言一行，为师为范，学高为师，德高为范。好老师应该具备高尚的道德情操，最终体现在对教育事业的热爱上。好老师应自觉坚守精神家园、坚守人格底线，培育和践行社会主义核心价值观，带头传承中华传统美德，弘扬民族精神和时代精神，以自己的模范行为影响和带动学生。

（3）做好老师，要有扎实学识

扎实的知识功底、过硬的教学能力、勤勉的教学态度、科学的教学方法是老师的基本素质，其中知识是根本基础。教师的学识应包含精深的专业知识、广博的科学文化知识、政治理论修养等。

（4）做好老师，要有仁爱之心

爱是教育的灵魂，没有爱就没有教育。在教育过程中，教师应该做到关爱学生、爱岗敬业、严慈相济。真正做到对学生"晓之以理""动之以情"。同时教师还应该有尊重学生、理解学生、宽容学生的品质。

2014年9月9日，习近平总书记在同北京师范大学师生代表座谈时的重要讲话中指出，今天的学生就是未来实现中华民族伟大复兴中国梦的主力军，广大教师就是打造这支中华民族"梦之队"的筑梦人。打造"四有"好老师队伍，是学校办学的重要任务。

【工作案例】

北京十一学校龙樾实验中学：
筑梦三尺讲台，争做"四有"教师[①]

十一龙樾的老师以习近平总书记在同北京师范大学师生代表座谈时的重要讲话中提出的"四有"标准作为努力奋斗的方向，把党

---

① 筑梦三尺讲台，争做"四有"教师［EB/OL］.（2021-09-09）［2022-05-26］.https://mp.weixin.qq.com/s/RM4IvMr4MHfRKNcIaivIvA.

和国家的教育事业作为自己的人生追求，"黑发积霜织日月，粉笔无言写春秋"，在平凡中奉献，在奉献中闪光。

在27年的执教生涯中，何宏涛老师始终秉持着"用感动培养感恩"教育理念，用自己的行动去感染、感动学生与家长，让教育形成良性循环。在他的课堂上，不只有感动，还有学教和谐、师生相长。在课后，他及时总结反思，把学生的反馈融入自己下一次的教学设计中，建立"何式题库"。何老师认为："我们不能替代学生学习，也不能强加给学生知识，只有把学生引入'学习知识'这条路上，让学生有了学习的能力，真正的学习才正式开始。"

刘怡老师从学生的角度考虑问题，倾听学生的声音，将课堂最大程度还给学生，在"以学生为本"的高峰上不停攀登。她坚信，老师和学生是一个整体，老师也是班集体的一员，只有这样才能真正走进学生的内心。为了更好地教学，她在课上是老师，课下是"学生"，将自己遇到的问题和困惑都记录下来并进行深入研究。她坚持以实践推动项目，以项目指导实践。

龙清亮老师在教育工作上事事追求卓越，时时砥砺品行。始终以爱学生为工作重心，不断学习、默默付出。在他心里，老师最大的天赋是爱——爱他的学生，爱他的事业。在他的悉心陪伴下，学生都很愿意找他谈心，一起读书，畅聊青春故事。同时他认为，教师应该是"生生不息的一个奔河"，教师的知识需要随着时代的变化不断地更新"活水"，引导学生去寻找知识的甘泉。在教学工作中，他对自身品行要求极其严格，始终怀着坚定的信念从事教育工作，要求自己的言行必须符合职业之道德、做人之道义。他希望能从自己做起，砥砺品格，成为学生的成长模范，成为其他同事肯定的对象、学习的榜样。

甘守三尺讲台，争做"四有"教师。这三位教师在自己的岗位上，出色地诠释了立德树人、无私奉献的高尚师德。他们是十一龙樾教师的代表，更是十一龙樾教师的缩影，大家也将以他们为榜样，积极进取，在自己的岗位上创造新的成绩。

【案例分析】

从北京十一学校龙樾实验中学的老师们身上，我们可以看到这些老师对于教育事业的热爱和对教师职业发展的追求。

何宏涛老师一直秉持着"用感动培养感恩"的教育理念，用自己的行动去感染和感动了无数的学生与家长，让教育形成良性循环、让"感恩"的薪火代代相传。他是中国特色社会主义共同理想和中华民族伟大复兴中国梦的积极传播者，也是培育和践行社会主义核心价值观，带头传承中华传统美德，弘扬民族精神和时代精神，以德立身、以德立学、以德施教、以德育德的教师典范。

刘怡老师始终站在学生的立场思考问题，倾听学生的声音，走进学生的内心。她是学生的朋友，也是学生的知心"导航人"。对于教学过程中遇到的困难和疑惑，她都会记下来去深入研究。力求以实践推动项目，以项目指导实践。她勤勉的教学态度和科学的教学方法体现了教师职业的专业性。

龙清亮老师怀揣着坚定的理想信念，在教学工作中始终秉持着严于律己、以身作则的严谨作风。从自己做起，砥砺品格，争做学生的成长模范。同时，他心中有爱，爱他的学生，爱他的事业，不断地汲取新的知识源泉，来唤起学生们求知的热情和热爱。

他们做到了爱教育、爱学生；做到了从学生的立场来理解学生和关爱学生；也做到了对学生负责、对教育负责、对社会负责。他们是十一龙樾学校的教师典型代表，也是新时代的"四有"好老师。

2. "四个引路人"

2016年9月10日，习近平总书记在第三十二个教师节上勉励广大教师当好学生的"引路人"，即做学生锤炼品格的引路人，做学生学习知识的引路人，做学生创新思维的引路人，做学生奉献祖国的引路人。① 同

---

① 做好老师 当好学生引路人［EB/OL］.（2016-09-22）［2022-05-26］.http://www.moe.cn/jyb_xwfb/s5147/201609/t20160922_281873.html.

时引导广大教师自觉做先进思想文化的传播者、党执政的坚定支持者，更好担起学生健康成长指导者和引路人的责任。

（1）做学生锤炼品格的引路人

教师在关注学生成绩的同时，要引导学生锤炼品格，要通过各种行之有效的方式方法培养学生具有健全的人格和优良的品格，让学生不仅当一名合格公民，更要当一名优秀的华夏儿女。同时，教师自身也要注重品格的锤炼。

（2）做学生学习知识的引路人

教师自身要有扎实的学识，既能教给学生知识，又能教给学生方法，不仅要引导学生学什么，更要引导学生怎么学，还要引导学生不厌学、精益求精地学。教师要成为学生的引导者、帮助者、参与者。

（3）做学生创新思维的引路人

教师要鼓励学生有创新行为，允许并包容学生在创新时犯错，学会创造性地思考和实践，力争成为创新型人才。一个优秀的教师要敢于让学生超越自己，要能够接受学生提出的新观点、新思想，只有这样才能够培养学生的创新思维。

（4）做学生奉献祖国的引路人

教育学生热爱祖国，是每位教师应尽的教育职责。教育学生要做一个对祖国、对社会、对人民有用的人，要有大格局、大视野，不能仅仅思考自己，更要"达则兼济天下"。在教师的教育下，每个学生都有责任感，都有使命感，都有国家的荣誉感，为中华民族伟大复兴而努力学习。

3."新时代的大先生"

"百年大计，教育为本。教育大计，教师为本。"2016年12月7日，习近平总书记在全国高校思想政治工作会议中强调，教师不能只做传授书本知识的"教书匠"，而要成为塑造学生品格、品行、品味的"大先生"。[①]

习近平总书记在2021年4月19日考察清华大学时指出，"教师要成

---

① 努力做教书育人的大先生［EB/OL］.（2021-09-14）［2022-05-26］.http：//theory.people.com.cn/GB/n1/2021/0914/c40531-32226369.html.

为大先生"。"大先生是学生为学、为事、为人的示范","促进学生成为全面发展的人"。① 这是对教师的尊重,指明了教师专业发展的新方向和新要求,也是教育高质量发展的关键命题。

【工作案例】

"做新时代的大先生"②
——史家教育集团班主任带班策略与育人故事分享会

2022年2月19日,史家教育集团德育中心在线上组织开展了主题为"做新时代的大先生"的班主任带班策略与育人故事分享会,邀请优秀班主任讲述他们有关教育的思考与理念,在这春寒料峭的日子里,为大家启迪智慧、振奋精神。

在第一篇章"小小班主任,管理有策略"中,教师们分享了相关经验。他们提到作为班主任一定要不断更新教育观念,给予学生契合的教育关怀。但无论时代怎样变迁,爱学生,把学生视为有着独特生命的、处于发展过程中的、完整的人是永恒不变的主题。

在第二篇章"育人故事"中,教师们在分享会上讲述了自己的育人故事,讲述了在高密度的交往反馈中,情感的付出带来的心灵震撼、孩子的蜕变。深刻体会到班主任的工作是情感劳动,任何教育方式都无法替代教师对孩子面对面的影响。

"双减"政策的落地实施,给我们的高质量教育体系建设提出了新的标准,多元文化让德育教育面临着前所未有的挑战。而教师是这场变革中最重要的黏合剂,他们回应了时代的召唤,付出了更多的智慧与情感。本次分享会将激励教师们在接下来的工作中朝着心

---

① 以聪明才智贡献国家 以开拓进取服务社会——习近平总书记在清华大学考察时的重要讲话引起首都高校热烈反响[EB/OL].(2021-04-20)[2022-05-26].http://www.moe.gov.cn/jyb_xwfb/s5147/202104/t20210420_527175.html.
② "做新时代的大先生"——史家教育集团班主任带班策略与育人故事分享会[EB/OL].(2022-02-19)[2022-06-28].https://mp.weixin.qq.com/s/GIsSVuK50tmBCrIyZYGUJg.

之所向，更加无畏风浪，砥砺前行。

【案例分析】

史家教育集团举办的班主任带班策略与育人故事分享会是一个非常好的教师间的交流学习活动，有助于班主任教师反思自己的教学管理行为，提高班主任管理工作的质量和效率，促进班主任教师教学管理能力的发展和专业水平的提升。

北京史家小学开展的"做新时代的大先生"的育人故事分享会案例，强调了在时代的变迁中，班主任不仅要及时更新教育教学理念，还要坚守教育的本质初心，始终以学生为中心，关注学生自身的发展性、独立性和完整性。

同时，强调了教师在与学生的交往反馈过程中，要注重情感上的交流互动。"动之以情"，以情感来感化学生、影响学生，震撼学生的心灵。

在"双减"政策的背景下，教育如何高质量发展成了目前亟待解决的重要议题。而教师队伍建设是关系学校发展进程和教育质量提升的决定因素。新时代需要教师加强职业道德建设，形成教师专业发展共同体。新时代要求教师不仅要会"教书"，还需要会"育人"，会进行全方位、持续化的育人活动。新时代召唤"大先生"。

（二）新时代的教师行为规范

教师是落实立德树人根本任务、培养德智体美劳全面发展的社会主义建设者和接班人的关键。为深入学习贯彻习近平新时代中国特色社会主义思想，落实全国教育大会精神，扎实推进《中共中央 国务院关于全面深化新时代教师队伍建设改革的意见》的实施，进一步加强师德师风建设，教育部于 2018 年 11 月 8 日印发并实施《新时代高校教师职业行为十项准则》《新时代中小学教师职业行为十项准则》《新时代幼儿园教师职业行为十项准则》。①

准则结合高校、中小学、幼儿园教师队伍的不同特点，分别提出十条针对性的要求，包括坚定政治方向、自觉爱国守法、传播优秀文化、爱岗敬业、关爱学生、诚实守信、廉洁自律等方面。每一条要求既提出正面倡导，又划定师德底线。

其中，以《新时代中小学教师职业行为十项准则》为例，其全文如下：

1. 坚定政治方向

坚持以习近平新时代中国特色社会主义思想为指导，拥护中国共产党的领导，贯彻党的教育方针；不得在教育教学活动中及其他场合有损害党中央权威、违背党的路线方针政策的言行。

2. 自觉爱国守法

忠于祖国，忠于人民，恪守宪法原则，遵守法律法规，依法履行教师职责；不得损害国家利益、社会公共利益，或违背社会公序良俗。

3. 传播优秀文化

带头践行社会主义核心价值观，弘扬真善美，传递正能量；不得通过课堂、论坛、讲座、信息网络及其他渠道发表、转发错误观点，或编造散布虚假信息、不良信息。

4. 潜心教书育人

落实立德树人根本任务，遵循教育规律和学生成长规律，因材施教，教学相长；不得违反教学纪律，敷衍教学，或擅自从事影响教育教学本职工作的兼职兼薪行为。

5. 关心爱护学生

严慈相济，诲人不倦，真心关爱学生，严格要求学生，做学生的良师益友；不得歧视、侮辱学生，严禁虐待、伤害学生。

---

① 教育部关于印发《新时代高校教师职业行为十项准则》《新时代中小学教师职业行为十项准则》《新时代幼儿园教师职业行为十项准则》的通知［EB/OL］.（2018-11-08）［2022-05-26］.http://www.moe.gov.cn/srcsite/A10/s7002/201811/t20181115_354921.html.

6.加强安全防范

增强安全意识，加强安全教育，保护学生安全，防范事故风险；不得在教育教学活动中遇到突发事件、面临危险时，不顾学生安危，擅离职守，自行逃离。

7.坚持言行雅正

为人师表，以身作则，举止文明，作风正派，自重自爱；不得与学生发生任何不正当关系，严禁任何形式的猥亵、性骚扰行为。

8.秉持公平诚信

坚持原则，处事公道，光明磊落，为人正直；不得在招生、考试、推优、保送及绩效考核、岗位聘用、职称评聘、评优评奖等工作中徇私舞弊、弄虚作假。

9.坚守廉洁自律

严于律己，清廉从教；不得索要、收受学生及家长财物或参加由学生及家长付费的宴请、旅游、娱乐休闲等活动，不得向学生推销图书报刊、教辅材料、社会保险或利用家长资源谋取私利。

10.规范从教行为

勤勉敬业，乐于奉献，自觉抵制不良风气；不得组织、参与有偿补课，或为校外培训机构和他人介绍生源、提供相关信息。

三、党组织领导的教师专业能力培养

党组织的领导具有鲜明的政治属性和组织优势。在党组织的领导下，学校可以充分发挥党员教师的示范标杆作用，促进教师专业能力的培养。可以更有效落实立德树人的根本教育任务，确定德育目标，实施"全员、全过程、全方位"的育人模式，培养德智体美劳全面发展的社会主义建设者和接班人。基于学生核心素养的发展，广泛开展教育教学研修活动，可以改进教师的教育教学活动，形成专业化和个性化的教师风格，促进教师专业能力的发展与培养。

（一）落实立德树人根本任务

1. 学校德育目标的确定

为有效落实立德树人根本任务，学校可从以下几方面进行思考：

落实一个根本任务：立德树人。通过培养帮助学生养成良好习惯和优秀品德，促使学生成为热爱祖国、热爱劳动、遵规守纪、文明礼貌、节约环保、身心健康、学习进步、品德高尚的优秀学生。

抓好一支德育队伍：面向全体教职工，从思想意识层面达成"全员、全过程、全方位"德育的共识，树立"人人都是德育工作者，人人都是心理健康维护者"的理念，切实提升德育队伍的思想深度和行为实效。

探索六条育人途径：课程育人、文化育人、活动育人、实践育人、管理育人、协同育人。

开展好五个维度德育实践：社会主义核心价值观教育、理想信念教育、中华优秀传统文化教育、生态文明教育、心理健康教育。

2. 全员育人

全员育人，需要构建全面协同的德育环境。首先，实现家校社协同育人。德育具有重要性和特殊性，不是学校和教师能够单独完成的，它还与家庭环境和社会环境密切相关。因此，它需要学校、家庭和社会等利益相关主体基于共同目标的一致行动，形成全主体育人的强大合力。学校、家庭和社会教育在目标、内容与方法上表现出显著的差异性和特殊性，学校是家校社德育协同的核心，是统领家校社德育协同的关键主体，因此要在形成共识和一致行动上发挥关键作用。其次，实现学校内部全员育人。学校全体成员，包括学校管理者、教师及其他职员，都是学校德育的责任主体，都要根据自身工作特点承担德育任务，接受德育监督和评价。同时，学生也是德育的主体。学生通过独立思考、德育实践以及与教师、同伴、家长、社会的积极互动提高道德素养，并通过反思进行自我评价，接受教师和其他利益相关人的指导和评价。

3. 全过程育人

德育贯穿学校教育全过程。"育人为本，德育为先"是培养德才兼备创新人才或创造性劳动者必须坚持的基本原则，因此，德育要贯穿从管理到教育教学过程，再到绩效评价的学校运行全过程。

在管理上，要把"育人为本、德育为先"落实为具体的制度、规则和措施，做好德育规划，向全过程德育和全要素德育倾斜资源，培养全员德育的专职德育教师和学科教师队伍，实现德育课程和学科课程等其他课程的深度融合，设置学科课程等其他课程的德育目标，并用评价体系引导和规范德育的开展。

4. 全方位育人

加强学校道德领导力建设，发挥管理团队道德示范作用，建设学校道德共同体，构筑学校发展的共同愿景，树立全校师生以德立身、以德治学的意识；将师德师风教育作为教师队伍建设的重要内容，确保每名教师做到坚守政治底线、法律底线和道德底线，真正成为学生健康成长的指导者和引路人，树立学校教师良好的社会形象；凸显师德的优先性，在评优评先中实行师德一票否决制；开展"十佳教师评选""最美教师评选"等师德建树活动，将师德建设落实在教育、教学、管理等工作细节中；健全和完善教书育人模范教师、年度优秀教师等奖励机制，大力提倡"人师风范、智慧育人"的教风，积极引导和鼓励教师树立热爱教育、无私奉献的职业理念和人生追求，将教书育人作为一种幸福事业，不断提升自我、完善自我。

教师不仅要具有深厚的学术素养和独特有效的教学方法，更要具备鲜明的个人风格、高尚的师德风范、独特的魅力与智慧。用风范影响人、引导人，用智慧发现人、发展人，是教师的崇高境界。

在育人实践中，学校将班主任队伍建设作为学校工作的重中之重，通过班主任培训、研修，不断提升班主任专业能力和育人水平，积极引导当好新时代优秀班主任。

（二）基于学生核心素养的教育教学研修

21 世纪是知识经济时代，人工智能等科学技术迅猛发展，这也对人才的培养提出了新的要求。2014 年，《教育部关于全面深化课程改革落实立德树人根本任务的意见》颁布，明确指出要研究制订学生发展核心素养体系，明确学生应具备的适应终身发展和社会发展需要的必备品格和关键能力。①2017年底，教育部发布《义务教育学校管理标准》，要求义务教育要强化学生认知、合作、创新等关键能力培养。②2022年4月，修订后的《义务教育课程方案和课程标准（2022年版）》发布。其明确根据学生核心素养的要求，确定各门课程具体目标，优化课程内容结构，研制学业质量标准，并对考试评价改革提出相应要求。③

因此，在教育教学研修活动中要高度重视对学生发展核心素养及学科核心素养的研究，以学生发展核心素养为目标导向进行教育教学实践活动。依托学生发展核心素养的教育教学研修，学校应达成"教研兴师、教研兴校"教研理念的共识，秉承"兢兢业业、持之以恒"的科研精神，让教研工作领跑教育质量。

一是拓宽教研工作边界，促进教研转型。新时代教育目标的方向和内涵已经发生深刻变化，因此，教研工作不仅要研究新课标下的教学内容与教学任务，更要研究学科知识之间的内在联系和学科思维方式等能够经历时间和变化考验的学科本质特征。研究学科思维方式和创新思维等高阶思维是通向学科核心素养和学生发展核心素养的基本途径，从而让教学研究真正为发展学生创新能力、培养创新人才或创造性劳动者的目标服务。应倡导问题导向的教研、基于证据和数据的教研、跨学科教研、跨学段教研、跨区域教研、线上线下混合教研等多种新型综合性教研模式，发挥专家指导的导向性作用和名师引领的实践性价值，保障教研既有理论依据，又有实践抓手。

二是提升教师教研能力和水平。新时代要求教师自身也需要具备应对未来教师持续发展的必备品格和关键能力。培养和提升中小学教师的

---

① 教育部关于全面深化课程改革落实立德树人根本任务的意见［EB/OL］.（2014-04-08）［2022-05-26］.http：//www.moe.gov.cn/srcsite/A26/jcj_kcjcgh/201404/t20140408_167226.html.

② 教育部关于印发《义务教育学校管理标准》的通知［EB/OL］.（2017-12-05）［2022-06-30］.http：//www.moe.gov.cn/srcsite/A06/s3321/201712/t20171211_321026.html.

③ 以核心素养为导向持续提升义务教育质量［EB/OL］.（2022-06-22）［2022-05-26］.http：//www.moe.gov.cn/fbh/live/2022/54598/zjwz/202206/t20220622_639734.html.

核心素养是推动教育高质量发展的关键因素。新时代的教师不仅需要具有良好的教学能力，还需要提升教研科研能力水平。坚持"科研兴校"战略，引导和鼓励教师立足学校、立足学生、立足课堂，积极开展问题导向的教学研究和课题研究。以课题研究驱动教师团队专业发展，促使教师向研究型教师转变，积极申报市级、区级教育规划课题。结合学校发展需求，开展市区级课题研究，作为自研或申报重点课题深入研究，以解决学校发展过程中的关键问题。探索集教研与培训于一体的校本研修模式，着眼于学校发展中的现实问题，通过集体备课、公开课、教研活动、学习培训、课题研究、撰写论文等专业活动方式，获得问题的解决方案；组建教研领导小组和专家指导小组，邀请专家对教学、教研进行深层指导；加大专项经费的支持力度，为课题研究提供经费资助。

三是强化教研成果的转化应用。学生发展核心素养以及学科核心素养视域下的单元教学设计，是为实现核心素养目标而对传统课时教学设计进行的研究和改革。教师必须加强对核心素养的深入教学研究，以核心素养为导向改进教育教学实践，促进教研成果在日常教学设计、作业设计及考试评价中的应用。注重教研成果向教学实践的转化，把"教学研究的密度"转化为"教学创新的浓度"。课题研究聚焦学校教育教学改革重点工作，推动深入具体的过程研究，为全面提升教育教学质量、加快推进学校品牌建设进程提供实证依据和行动策略。

（三）促进教师的专业发展

教师的主要任务是通过教育引导和促进学生全面而个性化的发展，帮助学生最终成长为社会需要的创新人才或创造性劳动者。学生的个性化成长，需要个性化发展的教师。很难想象，一个没有创造性思维和能力的教师能够教出个性得到有效发展的学生。在普遍倡导旨在发展学生创新能力的个性化教育的新时代，获得个性化发展的教师队伍结构是实现教育目标的关键保障。专业风格的形成和发展是教师个性化专业发展成熟的标志，是教师职业幸福感的高级表现。

学校应利用现有的资源，积极营造成长、合作的氛围，促进新老教师之间互相交流、互相借鉴、互相进步的现象蔚然成风。如通过青年教师每天写一段教育随笔，每月读一本教育专著，每学期上一节青年教师展示课，每位青年教师根据教学实际制定专业发展三年规划，每位老师有一个基于教育教学实践的课题研究，不断激发教师活力。学校还可倡导教师"一专多能"，每个任课教师按照自己的专业特长开设选修课或担任学生社团负责人。在班主任队伍培养方面，学校应启动班主任培养工程，提高班主任治班育生的思想认识和业务素质。

促进教师的个性化专业发展可以在如下三个方面得以体现：

一是建立新型师生关系。学生的个性化发展离不开每位教师独具风格的教学影响。新时代的教师不仅要成为学生学习的引导者，还要成为学生发展和成长的帮助者、支持者和合作者。与学生建立尊重、平等的新型师生关系，帮助学生完善自我意识，唤醒内在动力，激发学习兴趣，使学生的学习更具主动性和创造性。学生的成长、成才之路也就是教师专业发展的进阶之路。

二是促进师生共同成长。把学生参与作为一种有效教学形式，使学生成为教师教学的伙伴，引导学生进行有效的自主性、创新性学习。师生在共同探索、整合、应用传播知识过程中相互学习、共同提高，真正实现研究性教学、探究式学习。

三是提升教学反思能力。教师要开展教学反思，多渠道地获取信息，在持续反思中改进教学，有效调整自己的教学行为。建立教学反思日志，将教学反思渗透到日常教学行为之中，让反思成为教学行为的自然状态。基于大数据进行数据挖掘与分析，优化教学策略、教学方式、教学过程和教学评价。

第六章　党组织领导的中小学教育实践管理

一、党组织领导的学校课程体系构建

"办好中国的事情，关键在党。"在庆祝中国共产党成立100周年大会上，习近平总书记深情回顾党百年奋斗的光辉历程，着眼实现中华民族伟大复兴的中国梦，明确提出以史为鉴、开创未来，必须坚持中国共产党的坚强领导。中国共产党的领导是中国特色社会主义最本质的特征和最大的制度优势。要将党的全面领导贯彻到教育的各个领域。党组织领导下学校课程体系的构建，充分体现了学校党组织履行把方向、管大局、作决策、抓班子、带队伍、保落实的职责，在课程建设全过程中，始终把牢政治方向之"舵"，明确培养社会主义建设者和接班人的育人目标，坚持为党育人、为国育才的课程方向，挖掘蕴含教育意义、助力学生成长的课程资源，充分发挥以党员为核心的多元育人团队的力量，筑牢育人根基。

课程在教育教学中具有非常重要的作用，是实现育人目标的重要载体，也是教材编写、教师教、学生学、质量评价的直接依据。学校要在党组织的领导下，采取多维推进的方式，构建有利于学生全面发展的联合课程体系，帮助学生在"情感与志向""道德与品质""个人与社会""文化与审美""实践与创造"等方面实现全面发展，引领学生树立远大理想，培养高尚品格，关注社会生活，提升人文素养，勇于实践创新。推进学校课程体系建设，需要做到：整体建构，建设特色鲜明的学校课程体系；协调共生，营造健康良性的学校课程生态；动态创生，促进学校课程体系的不断优化。

学校课程体系的形成和发展与学校的学情、校情等因素密不可分，由此构建的学校课程体系也往往特色鲜明、别具一格。观之国内，有的学校依托区域地理优势而形成学校的特色课程体系，如湖北省葛洲坝实验小学通过充分挖掘葛洲坝水利工程的教育价值，提炼并形成了以水电文化为核心的学校课程体系；也有学校依托本地特色文化而形成学校特色课程体系，如重庆市高新区育才学校（前身为古圣寺育才学校），继承并进一步弘扬了陶行知先生的教育理念，构建起了以基础类、拓展类和探究类课程为内容的"行知"课程体系。

（一）党组织领导的国家课程实施

1. 厘清国家课程内涵

"国家课程是国家规定的课程，它集中体现一个国家的意志，专门为培养未来的公民而设计，是依据未来公民接受教育之后所要达到的共同素质而开发的课程。它根据不同教育阶段的性质与培养目标，制定各个领域或学科的课程标准或教学大纲，编写教科书。它是一个国家基础教育课程计划框架中的主体部分，也是衡量一个国家基础教育质量的重要标志。"[1] 国家课程由国务院教育行政部门统一组织开发、设置。所有学生必须按规定修习。

2022 年 3 月，教育部印发的《义务教育课程方案和课程标准（2022年版）》从国家层面厘清了育人目标、校准了改革方向、优化了课程内容及其组织呈现形式，是实现义务教育高质量发展再动员再部署的纲领性文件。《义务教育课程方案和课程标准（2022 年版）》对重大主题教育进行整体规划、系统安排，有机融入社会主义先进文化、革命文化和中华优秀传统文化，全面落实有理想、有本领、有担当时代新人的培养要求，增强课程思想性。

2. 健全实施机制

开展国家、省两级课程实施监测，涵盖国家课程、地方课程和校本

---

[1] 钟启泉，崔允漷，张华. 为了中华民族的复兴 为了每位学生的发展——《基础教育课程改革纲要（试行）》解读［M］. 上海：华东师范大学出版社，2001：53.

课程，主要包括课程开设情况、课程标准落实情况、教材使用情况和课程改革推进情况，重点是党中央、国务院一系列教育要求，特别是习近平新时代中国特色社会主义思想落实情况。国务院教育行政部门委托有关专业机构组织实施国家级监测，省级教育行政部门委托有关专业机构实施省级监测，并协助完成国家级监测相关工作。逐步推进国家课程校本化实施，推进中小学五育并举，凸显学校特色。

学校要建立健全组织领导、系统培训、示范引领、监测督导、舆论宣传等工作机制，完善经费投入、师资配置、办学条件、专业研究等保障机制，为国家课程实施提供有力支撑。

学校要开齐开足开好国家课程，特别是综合实践活动、劳动、信息技术、通用技术、音乐、美术、体育与健康等课程。鼓励学校因地制宜，创新方式，以实现多方联动、资源共享，满足学生选课选考及个性化学习需求。加强条件保障。根据课程实施需要，按照普通高中和中小学教学设施设备、图书资料等教育技术装备标准，改善教学环境和教学条件。配齐专用教室、实验室与场馆，保障实验教学开设的基本条件，保障技术（含信息技术和通用技术）、艺术（或音乐、美术）、体育与健康、综合实践活动、劳动等课程及有关学科实验的开设。鼓励建设创新实验室、社团活动室等。

3. 优秀案例分享

国家课程校本化实施一方面体现了国家课程的强制性，另一方面体现了国家课程实施的灵活性。国家课程校本化实施的基础是国家课程，在国家课程的框架下进行校本化实施。国家课程只概括出了最基础的要求，学校层面可以进行创造性实施。学校要基于自身的条件，不断整合有效资源，为国家课程校本化实施提供有利的条件。

上海市实验学校在对国家课程的校本化实施中，设立了三类课程，分别是核心课程、学养课程、特需课程。核心课程、学养课程、特需课程共同构成了学校整体的课程体系，是国家课程的具体校本化实施，其最终目标指向培养面向未来的创新人才。核心课程是课程的基石，是学养课程和特需课程的基础。学养课程与特需课程是基于核心课程所开发的课程。三类课程相互依存，彼此相通。①

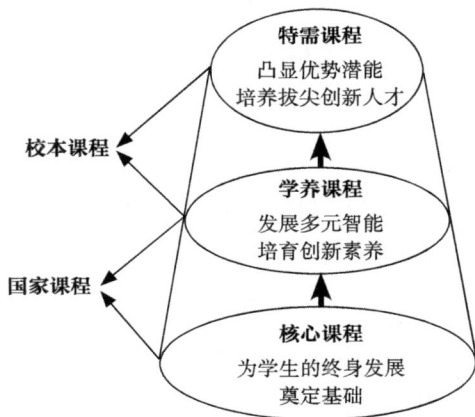

图 1　上海市实验学校课程体系②

近些年来，国内小学课程研究领域涌现出不少以整合课程为特征的改革新探索。清华大学附属小学依据学科属性，体现课程理念及课程目标的转变，在领域命名中充分体现学科共有的价值取向，从而使彼此教学内容差异性很大的学科，开始走向"共和"。同时，每个门类当中，既开好必修的基础性课程，又办好拓展性课程。

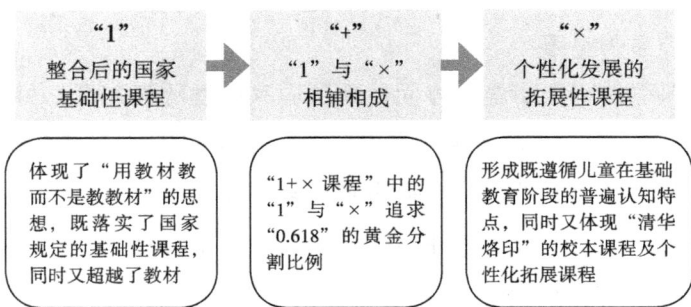

图 2　清华大学附属小学"1+×课程"③

① 潘艳，陆如萍，一贯制学校国家课程校本化的统整实施［J］.现代基础教育研究.2021，（44）：179-180.

② 潘艳，陆如萍.一贯制学校国家课程校本化的统整实施［J］.现代基础教育研究，2021，（44）：177-183.

③ 杨小微.立德树人 纲举目张：学校课程一体化设计与运作［J］.中小学德育，2018，（06）：5-9.

"1+×课程"从学校的生源、历史出发，把一个国家的宏观课程框架具体化，变成可以施工的蓝图，将自上而下的改革和自下而上的改革结合起来，找到了课程改革的关键路径——课程整合。

首都师范大学附属中学实验学校"成德达才"课程体系依照《义务教育课程方案和课程标准（2022年版）》开足开齐国家必修和必选课程（基础学科和实践课程），全力推进学科实践、学科选修、学科发展、生态文明等跨学科课程群的实施，凸显学校自主、教师自主和学生自主的"三自主"课程特色，实现了整体育人、跨学科育人和特色育人目标。

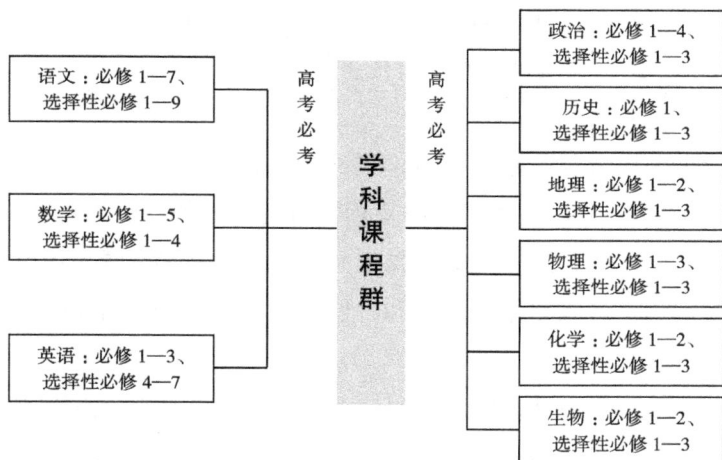

图3 首都师范大学附属中学实验学校课程体系①

（二）党组织领导的地方课程落实

1. 厘清地方课程内涵

地方课程是基础教育课程体系中的有机组成部分。地方课程由省级教育行政部门统筹规划，确定开发主体。地方课程要充分利用地方特色教育资源，尤其注重用好中华优秀传统文化资源和红色资源，强化实践性、体验性、选择性，促进学生认识家乡，涵养家国情怀，铸牢中华民族共同体意识。

---

① 本案例选自"首都师范大学附属中学实验学校"公众号。

2014 年，经国务院同意，教育部发布了《教育部关于全面深化课程改革落实立德树人根本任务的意见》。该意见要求，"各地要做好地方课程和学校课程管理和分类指导"，作为落实立德树人根本任务的重要措施。2019 年《中共中央 国务院关于深化教育教学改革全面提高义务教育质量的意见》第十六条规定，"省级教育行政部门制定地方课程和校本课程开发与实施指南"，要将其纳入更高水平的育人体系。①

义务教育课程研制的责任主体是国家，而它的实施责任主体是地方。课程蓝图无论多么美丽，最终必须落实到学校中，落实到课堂上，转化为贴近实际的具体教育教学活动。省级教育行政部门在促进义务教育课程的创造性转化、高质量实施中责任重大、义不容辞。

2. 健全实施机制

地方课程是沟通国家课程与学校课程的桥梁，也是联系学生与社会的纽带。② 地方课程既是国家课程目标在特定社区条件下的具体化，又是对国家课程的补充。此外，地方课程是研制校本课程的重要依据，校本课程不能完全脱离地方课程资源和社区发展实际来体现学校特色，它需要将地方课程具体化。

地方课程在学校教育实践中必须注意突出以下五个特点：第一，内容必须彰显地方课程的区域性；第二，实施过程必须体现地方课程的综合性；第三，地方课程内容及其实施方式务必加强个性化的实践性；第四，地方课程必须保有满足现实生活需求的实效性；第五，地方课程必须具备严肃的政策性。

在全面落实国家课程计划、服从全省全区域统筹的基础上，各省（区、市）要充分考虑省内区域、校际发展不均衡的现状，加强分类指导，鼓励各地、各校根据自身实际，积极探索实施具有地方特色校本特色的新课程的路径与方法。要寻找地方课程落实立德树人根本任务的切入口、实现的途径与方式。要立德树人是所有课程、教学的共同任务，

---

① 成尚荣.地方课程的发展检视与时代再建构［J］.课程·教材·教法，2020，（04）：5.

② 全国课程专业委员会秘书处.21 世纪中国课程研究与改革［M］.北京：人民教育出版社，2001：276.

但不同的课程、教学有不同的切入口，寻找独特的实现途径和方式，就要求找准地方课程的特质、优势和特点。

各省（区、市）要精心培育打造一批在全省乃至全国有影响力的新课程新教材实施的示范校，加快建立健全一套适应新时代要求、彰显新课程理念、体现现代化水平、符合地方实际的课程体系，助力特色教育强省强区域建设。要结合省情和区域发展情况，开发中华优秀传统文化、红色文化、生态文明、大数据产业等校本课程，并将其有机融入相关学科课程。

在认真学习领会《义务教育课程方案和课程标准（2022 年版）》和《普通高中课程方案（2017 年版 2020 年修订）》精神的基础上，省级出台《新课程实施方案（试行）》，市（州）、县（市、区）做好实施规划，明确资金保障、条件保障、教师配置、教学指导、舆论宣传、督导评估等方面的责任，学校全面落实，逐级完成任务。作为课程执行的主体，学校要制定课程实施方案，合理安排学段内各学科的课程，在课程的类型、内容、课时、学分和时间进度等方面作出整体设计与统筹安排，开齐开足必修课程，开齐开好选择性必修课程，开发开设丰富多彩的选修课程。

省教育厅成立普通高中和义务教育阶段新课程实施领导小组，市（州）、县（市、区）教育行政部门和学校成立相应机构，明确责任分工，加强统筹协调，结合实际制定本地实施普通高中和义务教育阶段新课程的工作方案，周密部署，精心组织，有效衔接各项工作，稳妥有序推进地方特色课程建设。

地方教育行政部门要加大经费投入力度，满足课程开发、教学研究、设施设备配置、资源建设、教师培训与研修，以及开展综合实践活动等必要的经费需求。要加大对薄弱学校经费投入倾斜力度，确保每一所学校平稳有序实施地方特色课程和校本课程。

3. 优秀案例分享

北京市将进一步遴选建设一批能够体现北京教育优势特色、教学成效显著、适用范围广、受学生欢迎的优质课程和教材课件，有力支撑中小学发展建设和实践创新教育改革，不断提升北京高等教育人才培养质量，紧密服务北京城市功能定位和产业结构升级，为首都经济社会发展提供助力。

江苏省是文化大省、教育大省。在党和国家的总体布局下，江苏省从地方实际出发，创造高质量实施义务教育课程的好经验，发挥示范引领作用。一是在新课程培训上作示范，发挥国家和省级基础教育教学指导委员会的作用，结合新独立建制的江苏省教科院高起点建设，重中之重筹备开好全省教育科研大会，出台新课程培训研修规划。二是在实践育人上作示范，促进教育教学与生产劳动、社会实践相结合，密切联系学生生活实际，注重做中学、用中学、创中学，努力提高学生综合素质。三是在新技术和教育教学深度融合上作示范，大力推动优质数字教育资源的共建共享，提升江苏省名师空中课堂质量，推动信息化、人工智能和大数据在教学上的运用，建立起可持续发展的自我创新、自我迭代机制，实现"面向每个人，适合每个人"的教育。①

（三）党组织领导的校本课程开发

1.厘清校本课程内涵

校本课程由学校组织开发，立足学校办学传统和目标，发挥特色教育教学资源优势，以多种课程形态服务学生个性化学习需求。校本课程原则上由学生自主选择。

课程体系的改革和创新是一项极为复杂的大工程，需要综合考虑课程内外部系统多方面的关系，因此离不开对课程的顶层设计。学校课程建设的顶层设计就是在学校党组织的指导和统领下，自上而下地对学校课程发展的各层次、各环节、各方面和各要素进行统筹规划，经过相互融合和优化组合而产生集聚效应，最大限度地提升学生学习与发展的质量。

学校要认真学习领会国家课程方案和课程标准，以及省级义务教育课程实施办法，全面梳理分析本校在课程改革实施中的经验和问题，分

---

① 顾月华.高质量实施义务教育课程 提交立德树人的江苏答卷［EB/OL］.（2022-04-21）［2022-05-26］. http://www.moe.gov.cn/fbh/live/2022/54382/zjwz/202204/t20220421_620108. html.

析学校特有的资源和条件，立足"五育"并举，聚焦"九个坚持"（坚持党对教育事业的全面领导；坚持把立德树人作为根本任务；坚持优先发展教育事业；坚持社会主义办学方向；坚持扎根中国大地办教育；坚持以人民为中心发展教育；坚持深化教育改革创新；坚持把服务中华民族伟大复兴作为教育的重要使命；坚持把教师队伍建设作为基础工作）和"六个下功夫"（要在坚定理想信念上下功夫；要在厚植爱国主义情怀上下功夫；要在加强品德修养上下功夫；要在增长知识见识上下功夫；要在培养奋斗精神上下功夫；要在增强综合素质上下功夫），着力发展学生核心素养，研究制定落实国家课程的校本实践体系，尤其要强化学段间衔接，增强课程实施过程中的综合性、实践性，提升学校课程管理的科学性、系统性，进一步细化课程设置和学科育人目标，让学校的课程实践体系成为学校育人方式变革的方位标。

2. 健全实施机制

校本课程开发应着力追求学生获得，逐步从"校本"转向"学本"；应该提升学校课程整合力，走向合作而非分散的课程统领；应该明晰"三级"课程的关系，走向转化生成，主动接纳"地方"，促进学校课程发展。

在保证科目教学课时总量不变的前提下，学校可根据学校教学实际需要、学校授课条件和学生知识掌握情况，适当调整课堂教学时长，整合课堂时间，以更好地提高效率。

树立科学的课堂教学质量观，深化课堂教学改革。积极转变教与学的方式，探索运用基于情境、问题导向的互动式、启发式、探究式、体验式等教学方式。注重加强课题研究、项目设计、研究性学习等跨学科综合性教学，推进信息技术与教育教学的深度融合，提高课堂教学效率。

深化课堂教学改革，应着力培养学生核心素养，体现正确价值观、必备品格和关键能力的培养要求。加强课程内容与学生经验、社会生活的联系，强化学科内知识整合，统筹设计综合课程和跨学科主题学习。加强综合课程建设，完善综合课程科目设置，注重培养学生在真实情境中综合运用知识解决问题的能力。开展跨学科主题教学，强化课程协同育人功能。

健全学生发展指导制度。学校要根据新课程改革和综合改革要求，制定符合学生实际并涵盖理想、心理、学习、生活、生涯规划等方面的学生发展指导方案，组建专、兼职结合的指导教师队伍，并以导师制等方式，帮助学生坚定理想信念，正确认识自我，处理好兴趣特长、潜能倾向与社会需要的关系，科学选择选择性考试科目，依据个人兴趣和优势发展特长，确定适合的发展方向和成长路径。

学校要规范教材选用，语文、道德与法制、历史三科使用统编教材，其他学科按照教材选用管理有关政策执行。严格落实规范有序、公正透明的教材选用与管理制度。

3. 优秀案例分享

为更有效发展学生核心素养，青岛第三十九中学通过整合、优化，对国家课程进行多层次、多维度优化与实施，以满足学生个性成长需求，促进学生全面而有个性地发展。

第一，进一步优化国家课程的校本化实施。在开齐开足体育与健康、艺术、综合实践活动等课程的基础上，加强学校特色课程建设。用课程的眼光看待外部社会资源，外部资源就变为学校的课程资源。学校系统开发和利用社会海洋资源，构建海洋教育课程体系，形成了鲜明的海洋教育特色。一是加强海洋教育顶层设计，构建起"基础型课程＋拓展型课程＋实践型课程"三位一体的课程体系。二是以"四个一"为抓手，即每周一节专家讲座、每月一次实践考察、每学期一项课题研究、每年一次海上科考，落实海洋课程。三是充分利用社会资源，建立海洋生物科技馆、海洋教育博士工作站、海洋调查实验室等。

第二，进一步加强国家课程学科间的融合。对部分学科课程进行知识与技术的重组，以课题研究为载体，探索综合实践活动课程与学科课程内容的深度融合，加强学习活动形式和学习内容的多样化、实践性、自主性探索。学校探索的跨学科课题研究，着眼真实情境中真实问题的解决，培养学生的课题意识、跨学科学习能力和动手实践能力，着力建设"在研究中学习，像科学家一样思考"的教育生态。

第三，进一步加强国家课程与特色课程的整合，将特色课程内容渗透于国家课程中。依托当地本土化优势教育资源和设施，选择部分国家课程的核心知识，开发出具有本土特色的考察、动手实践类课程，让课程进一步贴近学生生活，加深学生对相关知识的理解和应用。学校将海洋教育与国家课程相融合，开设海洋文学、海洋化学、海洋生物、海洋物理、海洋地理等课程，满足学生不同兴趣需求。围绕学科核心知识，设计海洋活动内容的课题研究课程，由学科教师和海洋博士"双导师"指导，严格按照选题、开题论证、实验研究、撰写报告、结题答辩、课题评价等环节实施研究，让学生在多元化的学习方式中，潜移默化地发展核心素养。[①]

山东省青岛第三十九中学充分依托学校地缘优势，深耕海洋系列课程，注重学科融合，扎实落实推进国家课程校本化，培养学生创新思维，提升学生核心素养。

课程是学校教育教学活动的基本依据，是育人的根本载体，是学校教育的核心，直接影响着人才培养的质量。首都师范大学附属中学实验学校在"一核三维"课程体系基础上，结合高中的学段特点，以"成德达才"为轴心、以九大学科教育课程群为"立方柱"、以实践教育课程群为"圆柱体"、以多样化和特色化的六品牌课程群为"圆锥体"，构建起"五育融合"的基础、拓展和自主三个层级一体化的"圆方锥"形"成德达才"高中课程体系。

这一课程体系秉承首都师范大学附属中学"正志笃行、成德达才"的教育思想，构建起基础课程、拓展课程和自主课程相融合的立体课程模型。强调引导学生在学习中思考、在思考中实践、在实践中创新，将学习、思考、实践和创新相结合，促进德育、智育、体育、美育和劳育的有机融合。注重全体学生的全面发展和个性成长，全面推进多样化高质量教育体系建设，力求实现整体育人、跨学科育人和特色育人，培养具有国家认同、国际理解、思考精神、行动能力的创新人才。

---

① 本案例来自"青岛 39 中"公众号。

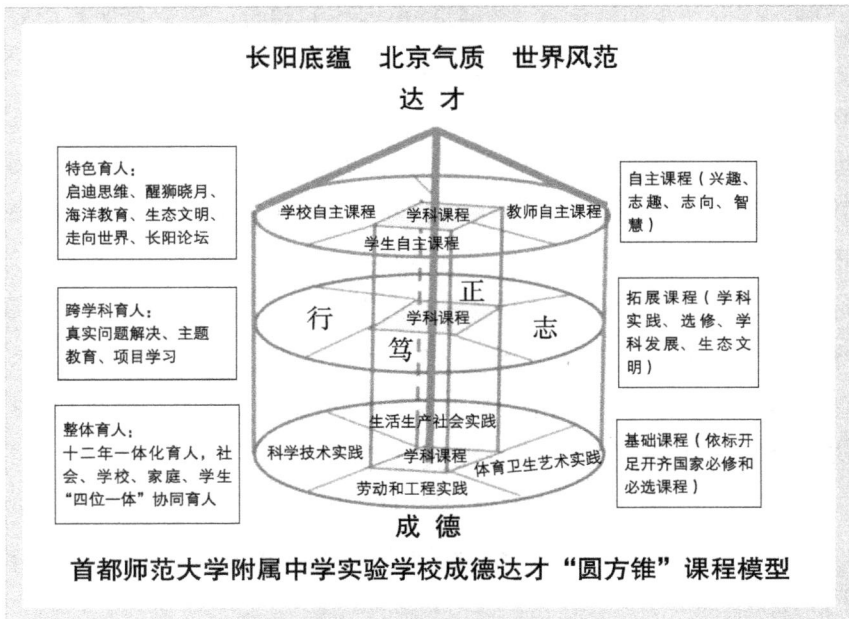

长阳底蕴　北京气质　世界风范

达　才

特色育人：
启迪思维、醒狮晓月、海洋教育、生态文明、走向世界、长阳论坛

自主课程（兴趣、志趣、志向、智慧）

学校自主课程　学科课程　教师自主课程

学生自主课程

正

跨学科育人：
真实问题解决、主题教育、项目学习

行　学科课程　志

笃

拓展课程（学科实践、选修、学科发展、生态文明）

整体育人：
十二年一体化育人，社会、学校、家庭、学生"四位一体"协同育人

生活生产社会实践

科学技术实践　学科课程

劳动和工程实践　体育卫生艺术实践

基础课程（依标开足开齐开全国家必修和必选课程）

成　德

首都师范大学附属中学实验学校成德达才"圆方锥"课程模型

图 4　"圆方锥"成德达才课程模型

二、党组织领导的课堂教学实施

学校党组织处在学校教学、科研、管理工作的最前沿，是学校党委与广大党员、群众之间的桥梁和纽带，担负着带领党员队伍、引导团员队伍、团结广大群众，把党的路线方针政策和上级的各项工作任务落到实处的重要责任。

（一）创新课堂教学模式

育人方式改革最终要落实到学校中，落实到课堂上，在改革的进程中寻找合理最佳方案。比如，针对各学科各行其是形不成育人合力的问题，学校要特别注重增加跨学科主题学习活动，建立相应的课程研发机制，引导教师突破学科边界，鼓励教师开展跨学科教研，建立"共同备课、协商上课"机制，设计"主题鲜明、问题真实"的跨学科学习活动，进一步增强学生在学习过程中的价值意义感和趣味性，增强学生的求知欲，激发学生的好奇心。

1. 利用数字资源

数字化教学资源是实现基于信息技术的教育教学模式和教育服务的必备条件，是新时代推进教育现代化的必然要求。基于此，各级各类学校要丰富数字化教学资源，培养信息技术人才，并提升师生信息技术素养，利用数字资源实现教学变革发展并推动教育信息化进程。

国家智慧教育公共服务平台是由教育部指导，教育部教育技术与资源发展中心（中央电化教育馆）主办的智慧教育平台，于 2022 年 3 月 28 日正式上线启动。该平台直接链接了国家中小学智慧教育平台、国家职业教育智慧教育平台、国家高等教育智慧教育平台，以及国家 24365 大学生就业服务平台，聚集了大量课程及资源。

目前，国家中小学智慧教育平台的移动端"智慧中小学"App 也正式上线，这个 App 将为随时随地开展教学活动、自主学习、家校协同和互助交流提供更方便的途径。App 与 web 网站相同，一样拥有六类资源，也就是专题教育、课程教学、课后服务、教师研修、家庭教育、教改实践经验，同时教师、学生、家长可根据不同用户身份注册登录，相应拥有不同的访问权。"智慧中小学"还增加了资源操作和互动的功能，所有视频资源均可以投屏播放，课程教学资源可以缓存离线查看。特别值得一提的是，学习过程中遇到问题还可以点击"提问"，向班级老师提问并且进行交流。同时，"智慧中小学"还为教师开展有组织的教育教学活动提供支持，为教师、家长提供家校协同功能。

总之，要不断推进信息化基础条件建设，共建共享数字教学资源，建立专业的信息技术教师队伍，着力开展教师信息技术研训，规范丰富学生信息技术教学活动，充分利用数字资源组织教学。

2. 落实因材施教

因材施教，就是根据学生的个性心理特点及知识、能力现状，从实际出发，采取不同途径、措施和方法进行教育和教学的一种教育理念和教育原则。落实因材施教，需要创设以学习者为中心的学习环境，凸显学生的学习主体地位，开展差异化教学，加强个别化指导，满足学生多样化学习需求。需要引导学生明确目标、自主规划与自我监控，提高自主、合作和探究学习能力，形成良好的思维习惯。还需要发挥新技术的优势，探索线上线下深度融合，服务个性化学习。

近年来，苏州市实验小学基于对"科学取向"教学的研究与实践，开发了目标导向的教学方法与模型。该教学方法与模型主要针对的是班级学生整体，适当关注不同发展水平的学生。同时开发了基于大数据技术的数字化学习系统。该学习系统根据教学过程中实时收集的信息，通过数据挖掘与数据分析，诊断学生的学习状况，并动态地改变以更好地适应学习者，为不同学生推送适合其个人的学习内容，调控其学习过程，比如改变学习内容的难度、呈现方式、相关问题及任务的排序等，因而为学生的个性化教学提供了载体。①

将数字资源建设与因材施教相结合，苏州实验小学真正践行了因材施教这一教育理念与教育原则。因材施教的出发点和归宿是学生的个别差异，强调因人而异、各尽其才，所有的学生都能在各自的基础上得到提高和发展。

（二）举办系列主题活动

中小学基层党组织是党在中小学基层单位全部工作和战斗力的基础，是党联系广大师生的桥梁和纽带，因此在学校课堂实施中应充分发挥基层党组织的重要作用。要坚持以社会主义核心价值观为引领，正确把握学校建设的发展方向，通过提升学校课堂教学实施效果、开展丰富多彩的校园活动、发挥党员先锋模范作用等举措，推进校园文化建设，为师生提供更好更多的精神食粮。

1.教师活动

教育科研是探索教师如何教和学生怎么学的动力源，是创造新经验、新理论，形成特色和品牌的有效路径。中小学教师长期在教育一线耕耘，

---

① 林红，彭坚，田凌晖.基于大数据的"科学取向"小学教学模式构建［J］.教育发展研究，
  2017：4~77.

具有得天独厚的科研优势。通过开展教师科学研究系列活动，能开阔教师视野，有效提升教学质量，辅助教师个人职业成长。

【工作案例】

　　中国人民大学附属中学分校每学期都会举办教科研年会。2021—2022学年度第二学期教科研年会的主题为：教研并举抓落实，知心育人促发展。

　　会议伊始，沙晓彤副校长、孙明老师、王韦老师、李颖老师、余君主任分别对学校党建工作、教研工作、课题和课程建设工作、"双减"工作以及工会工作进行了汇报。

　　党支部副书记沙晓彤带领大家回顾了2021年精彩纷呈的党建活动，凸显了党建工作的政治引领核心作用。并就2022年党建计划进行了全面阐述，特别就"党员亮身份"及深入落实好"双培养"制度等特色活动进行了宣讲。

　　孙明老师向大家分享了关于人分教研现状和未来发展路径的思考，并提出本学期教研工作的具体目标。

　　王韦老师总结了人分课题申报和课题研究情况，带领大家对课程进行了理解和再定位，并为大家深入阐释了人分"三度"课程建设理念和"三层五域"课程体系。

　　李颖老师梳理了"双减"政策与学校具体情况相结合的工作成果，并探讨了如何在"减负"的同时实现提质增效。

　　余君主任回顾了本学期工会组织的丰富多彩的教职工活动，并分享了对新学期工会工作的设想与展望。①

【案例分析】

　　中国人民大学附属中学分校注重党建思想引领，发挥党员教师

①以上内容节选自"中国人民大学附属中学分校"公众号。

的先锋模范作用。通过一系列针对性培训，提升教师的科研专业技能，把握育人方向。在整个培训过程中，通过建立机制、保障实施、强化落实、规范过程、注重生成，大幅度提高了中小学一线教师的教育科研专业技能。①

【工作案例】

首都师范大学附属中学实验学校坚持以习近平新时代中国特色社会主义思想为指引，全面落实立德树人根本任务，坚持"围绕中心抓党建，抓好党建促发展"的工作理念，秉承"引领、示范、凝聚"的党建文化，切实发挥党建引领作用，夯实根基，谋篇布局，精准发力，做好学校全面工作，培养学生成德达才。学校构建了"一体四翼"的工作模式，"一体"指建设"成达党支部"，"四翼"指争做"成达党员""成达教师""成达家长""成达少年"。学校党支部领导学校教学处和党政办公室组织了党员先锋颂、长阳论教、共读一本书等系列活动，发挥党员教师的思想引领和模范带动作用，带领党员教师实现自己的专业成长，从而带动其他团员和群众教师扎根课堂，提升课堂质量。同时通过组织教师期末培训、教师教研、承担区级教研等活动，充分发挥首都师范大学附属中学教育集团办学优势，为学校各级各类各科教师搭建成长平台。

2. 教育教学活动

中小学校除组织常规教学外，还应设立跨学科主题学习活动，加强学科间相互关联，带动课程综合化实施，强化实践要求，实现学科融合，厚植爱党、爱国、爱人民、爱社会主义的情感，努力培养德智体美劳全面发展的社会主义建设者和接班人。合理设计小学一至二年级课程，注重活动化、游戏化、生活化的学习设计。依据学生从小学到初中在认知、

---

① 霍晓宏，郜建辉.中小学教育科研的现状审视与改进策略［J］.天津市教科院学报，2022，（34）：1-52.

情感、社会性等方面的发展变化，把握课程深度、广度的变化，体现学习目标的连续性和进阶性。了解高中阶段学生特点和学科特点，为学生进一步学习做好准备。

【工作案例】

项目化学习，是一个系统化的学习模型，通过参与一系列复杂的任务来解读真实世界中的问题，包括设计、计划、决策、执行以及交流结果等，在任务中学习知识，掌握技能。它是一种基于建构主义的教学和学习方法论，也是落实学生核心素养的重要方式之一。项目化学习，可以给课堂带来活力，使学生更专注，懂得合作，更具创新精神，在快乐的氛围中教与学，驱动和激发学生自主学习的潜能；可以培养未来能力型人才，使学生拥有自主学习的能力，数理逻辑能力，深度阅读和有效写作、有效沟通的能力，分析和批判性思维，团队合作和领导力以及全球视野。

长沙市岳麓区实验小学四年级1817班融合语文、美术和科学三科开展了以"香乐园之抗疫爱心香薰皂'天使之吻'"为主题的项目化学习活动。学生通过种植过程，了解植物生长环境并能辨别香料；通过制作手工皂的劳动实践，获取知识；通过设计皂型及软装，用艺术表达真挚情感；通过推广售卖爱心皂筹集善款、购买抗疫物资，为社会作贡献。在筹备过程中落实了口语交际、字词句运用、写日记等教学目标，提高了学生的知识运用能力、信息搜集与整合能力、口语表达沟通能力、团队合作能力、审美能力、动手实践能力、创新能力，激发了学生对抗疫工作者和医护工作者的关心，培养了学生的社会责任感与奉献精神。[1]

---

[1] 本案例节选自"北师大项目学习"公众号。

【案例分析】

此次项目化学习为学生提供了充分的自主探究机会，使其掌握了一些基本的探究方法，体验到了项目化学习的乐趣，同时也培养了他们的创新思维、合作精神和动手能力。项目化学习从知识度、真实度、实践度、协作度、参与度、感知度六个角度提升了学生的综合素质，充实了校园生活。

【工作案例】

首都师范大学附属中学实验学校党支部坚持社会主义的办学方向，全面贯彻落实党的教育方针，将立德树人根本任务落实到学校德育、学科教学、课程资源、学校治理体系建设各方面，积极探索新时代创新人才培养策略与方法，不断提升教书育人本领，努力培养德智体美劳全面发展的社会主义建设者和接班人。

学校党支部重点依托"党支部加强青少年爱国主义情怀培养的实践研究"课题，从红色队伍、红色课程、红色活动、红色家风等方面构建学校红色教育体系，开发党史教育课程、革命先辈故事课程、革命小英雄故事课程、红色家风课程，并通过打造学校三张名片——周末影院、周末共读、周末赛场，播放红色影片，共读红色书籍等形式，将爱国主义教育落到实处，引导家长和学生树立爱党、爱国、爱人民的思想，传承红色基因，让师生在学习实践中牢记初心使命、坚定理想信念。2021年建党百年之际，首都师范大学附属中学实验学校组织了一系列应时性活动，包括百幅画卷、百个人物、百节党课等。

除应时性活动外，首都师范大学附属中学实验学校还组织了海洋系列专题活动。依托学校海洋馆建设，开展了以海洋为主题的系列活动，包括海洋话剧、海洋社团、海洋读书节、海洋科技社团等丰富多彩的活动和课程。

总之，跨学科主题活动的举办重在提高学生的综合能力，它对于开阔学生的知识视野，鼓励学生探索科学与文化、社会间的相互影响，培养学生形成整体知识观，养成可持续发展能力和主动学习习惯等方面有重要的意义。

（三）开展丰富的社团活动

学生社团是把具有共同兴趣、共同爱好，有一定特长的学生自愿组织在一起形成一个独立的学生群体组织，是学生自我塑造、自我管理，相互帮助、共同成长的一个团体。学生社团对学生扩大求知领域、完善知识结构、丰富内心世界、培养兴趣爱好、丰富校园文化生活以及推进素质教育具有重要作用。

中小学校党组织是学校社团和学生学习活动的领导者，在校园社团建设中居于核心地位，是其他任何组织和团体不可替代的组织者，是学校社团建设的坚实力量。只有把党组织领导作用放在突出位置，不断提高党组织的凝聚力和战斗力，才能充分发挥党组织凝聚人心、推动社团建设发展的作用，才能提高学校社团建设的能力和本领，切实提高人才培养的质量和水平。

表 1 北京部分学校的特色社团

学校名称	社团名称
北京市东直门中学	女篮社团
中国人民大学附属小学京西分校	DI 创新思维活力社团
北京市丰台区小井小学	悦艺舞蹈团
北京市延庆区第一中学	非物质文化遗产、南关竹马社团
北京市大兴区庞各庄镇第一中心小学	啦啦操社团
北京市育英中学	金帆民族管弦乐团
北京市第八十中学枣营分校	枣娃戏剧社团
北京市通州区潞河中学	韵之灵合唱团

三、党组织领导的教育评价体系

学校评价是促进学校改革、学生发展的重要途径之一。全面落实新时代教育评价改革，要求改进结果评价，强化过程评价，探索增值评价，健全综合评价，着力推进评价观念、方式方法改革，提升考试评价质量。

党组织领导的教育评价体系要以学校党组织为评价组织者，引导评价过程，明晰学生、班主任、任课教师、家长和公共场馆人员等主体对学生评价的内容与标准，构建"班级—学校—家庭—社会"一体化的学生评价实施空间。

（一）党组织领导的评价主体多元化

新时代教育评价贯穿于不同主体、不同学段、不同类型教育所构成的系统之中，不仅宏观上与国家教育目的、学校培养目标一脉相承，也和微观学校教育系统中的学生发展、教学管理、课程建设、教师发展等密切相关。

在明确当前教育改革新要求的基础上，要树立以德为先、全面发展的成才观念。"谁来评"关系到评价结果的客观性，注重多元主体参与，倡导家庭、学校、社会协同评价。学生发展的多维性、复杂性、内隐性等特点，也需要多元主体给予不同视角的评价。在评价主体选择方面，将学生、教师、家长等多元主体纳入评价活动之中，将校内与校外、课上与课下相结合。通过对家长进行评价培训，让家长共同参与学生综合评价标准制定和修改过程，促使家校间持续"对话"，达成多主体间评价目标与内容的共识。

在评价中重视外部评价和自我评价、课内外评价等多元评价主体的有机结合，通过教育管理者、教师、学生、家长等多方参与和对话，切实发挥协同育人功能。

（二）党组织领导的评价客体多面化

评价活动嵌入学校教育、课堂教学的实践情境之中，评价功能的发挥是衔接育人目标与教学实践的显性桥梁。鉴于中小学教育评价对象及内容的复杂性与多维性，以改进和发展目的为主的评价强调方法的多元性，倡导多角度、全过程收集评价信息。

根据评价目的，综合运用教育评价方法与创新教育评价工具。运用定量与定性相结合的混合评价方法，综合采用自制评分表、问卷、成长记录袋、观察表、测试等评价工具。注重采用多种评价方法和工具，并逐渐重视运用信息技术手段，可以借助以大数据、人工智能技术为代表的新兴技术，创新教育评价工具，将评价建立在大量数据支撑和科学分析的基础上，开展贯穿教育教学全过程的交互性评价，将过程评价与结果评价相结合。

（三）党组织领导的长效育人评价机制

学校党组织在审视各要素和目的性的基础上，通过鼓励、指导教师从教学实践中的具体问题入手，以课题研究等方式积极开展学科教学评价、学业质量评价、作业评价等改革实践，以点带面，激发中小学探索教育评价改革的自主性与活力，并在实践中不断优化学校教育评价体系，最终引导学校形成评价育人、管理育人、教学育人的统一育人系统。

更新教育评价观念。强化素养导向，注重对正确价值观、必备品格和关键能力的考查，开展综合素质评价。倡导评价促进学习的理念，注重提高学生自我评价、自我反思的能力，引导学生合理运用评价结果改进学习。严格遵守评价的伦理规范，尊重学生人格，保护学生自尊，创新评价方式方法。注重对学习过程的观察、记录与分析，倡导基于证据的评价。关注学生真实发生的进步，积极探索增值评价。加强对话交流，增强评价双方自我总结、反思、改进的意识，倡导协商式评价。注重动手操作、作品展示、口头报告等多种方式的综合运用，关注典型行为表现，推进表现性评价。同时，推动考试评价与新技术的深度融合。

提升考试评价质量。全面推进基于核心素养的考试评价，强化考试评价与课程标准、教学的一致性，促进"教—学—评"有机衔接。增强日常考试评价的育人意识，注重伴随教学过程开展评价，捕捉学生有价值的表现，因时因事因人选择评价方式和手段，增强评价的适宜性、有效性。提高作业设计质量，增强针对性，丰富类型，合理安排难度，有效减轻学生过重学业负担。优化试题结构，增强试题的探究性、开放性、综合性，提高试题信度与效度。